재생산에 관하여

이 도서의 국립중앙도서관 출판예정도서목록(CIP)은
서지정보유통지원시스템 홈페이지(http://seoji.nl.go.kr)와
국가자료종합목록시스템(http://www.nl.go.kr/kolisnet)에서 이용하실 수 있습니다.
(CIP제어번호 : CIP2019008082)

재생산에 관하여:
낳는 문제와
페미니즘

머브 엠리 외 지음
박우정 옮김

마티

편집자 서문

재생산 노동(reproductive labor)이라는 짐을 짊어져야 하는
여성들이 어떻게 자유로울 수 있을까? 급진적 페미니스트
슐라미스 파이어스톤은 『성의 변증법』에서 이 문제를 제기하면서,
기술이 그에 대한 유망한 답을 제시할 수 있다고 했다. 인공 자궁이
젠더 위계(gender hierarchies)의 세계에서 벗어날 방법을 제공할
것이라는 주장이었다. 난자 동결, 대리모 같은 보조재생산기술의
확산은 우리가 진보하고 있는 것처럼 보이게 할지 모른다.

　　그러나 『보스턴 리뷰』의 객원 편집자이자 주요 필자인 머브
엠리는 그렇게 확신하지 않는다. 그녀는 "사람의 몸은 정치적으로
통제하기 힘든 곳"이라고 말한다. 기술 유토피아는 매력 있지만
인간의 삶을 납작하게 만든다. 엠리는 개별 사례를 바탕으로
기술이 어떻게 실제 재생산과 돌봄 노동의 경험을 형성하는지,

그리고 어떻게 시간과 돈, 친족관계, 의료 서비스 접근에 대한 불평등을 모호하게 하고 때로는 악화하는지 살펴본다. 그 이야기들은 서로 다르고, 개인적이며, 장소와 사람에 특정적이다. 과연 이 이야기들에서 평등주의적이고 최대한 포용적인 페미니즘이 등장할 수 있을까? 그것은 어떤 모습일까?

엠리의 글에 답한 학자들도 기술이 문제를 해결할 것이라는 생각에 깊은 우려를 표했다. 기술적 해결책은 임신을 상업적 거래로, 몸을 상품으로 바꾸고 유전적 완전성에 집착하게 하며 인종적 배제와 국가 폭력의 역사를 반복하게 한다. 아니면 그야말로 효과가 없다. 그럼에도 이 비평들은 대안적 비전을 풍부하게 제시한다. 여기에는 아이를 낳고 그 부담을 공평하게 배분할 수 있는 선택적 친족관계(elective kinship)와 사회구조를 모형화하고 이론화하는 데 대한 흑인 여성과 동성애자 공동체의 기여도 포함된다.

2,000명 이상의 아이들이 부모와 강제로 떨어져 있는 우리의 현실은 이 희망적인 전망과 고통스러울 정도로 동떨어져 있다. 하지만 유토피아적 상상은 아마 현실과 이상의 차이가 가장 클 때 중요하게 다가올 것이다.

이 주제에 대한 다른 기고자들 역시 기술, 일, 페미니즘이 교차하는 지점을 짚어준다. 제임스 채펠은 페미니즘이 왜 나이 든 여성에게는 좀처럼 관심을 기울이지 않는지 묻는다. 재생산 노동을 마친 나이 든 여성은 굉장히 불안정한 일자리를 전전하는 경제적 취약 계층에 머문다. 새라 샤르마는 여성을 더 이상

쓸모없는 기술로 취급해 비하하는 '마미 앱'(mommy app)과 실리콘밸리를 살펴본다. 그녀는 젠더 위계 없이 어떻게 기술을 재구상할 수 있을지 묻는다. 또 캐시 오닐이 쓴 공상적 글은 섹스로봇이 있는 미래를 슬쩍 엿보게 해준다.

마지막 두 기고자는 미래지향적으로 과거를 돌아본다. 질 리처즈는 1970년대 뉴욕의 가사노동 임금위원회 회원이었던 전설적인 활동가 실비아 페데리치를 인터뷰해 여성 해방에 대한 생각을 물었다. 또 마이클 브론스키는 동성애자인 남성과 여성이 함께 아이를 기르는 사회를 주창한 '동성애자 해방 운동'의 시각을 돌아본다. 이들은 과거와 소외된 사람들을 토대로, 더 관대하고 품위 있으며 인간적이고, 선택적 친족관계와 아이는 공동의 책임이라는 신념을 중심으로 이루어진 사회를 상상했다.

— 데버라 채스맨, 조슈아 코헨

On Reproduction
— Merve Emre

재생산에 관하여
— 머브 엠리

뉴욕의 여러 신문에 따르면 최초의 인공 자궁은 '발명'된 것이 아니라, 1894년 2월 24일 밤 이스트 26번가의 어느 괴상한 작은 상점에서 '발견'되었다. 그날 밤, 한 의사가 이 상점의 주인이자 은둔 과학자였던 윌리엄 로빈슨의 잠을 깨웠다. 의사는 광고업계의 백만장자 E. 클래런스 헤이트의 개인 주치의였다. 헤이트의 아내는 출산 중에 숨졌고, 딸은 0.9킬로그램도 안 되는 체중으로 태어났다. 주치의는 아기를 구하려는 절박한 심정으로 로빈슨을 찾아가 아기의 몸을 따뜻하게 유지해줄 무언가를 달라고 간청했다. 로빈슨은 서둘러 상점 뒤쪽으로 가더니 자신이 "인공 자궁"이라고 부르는 물건을 들고 나왔다. 뚜껑이 미닫이로 되어 있고 보온 기능을 갖춘 이 검은 상자는 얼마 뒤 1896년 베를린 산업박람회에 선보이게 될 영아 인큐베이터의 조야한 버전이었다. 3월 16일 자 『데일리 뉴스』는 "갓난아기는 인공 자궁 안에서 거의 3주를 지냈다. 앞으로 약 3주 더 생존하면 정상적인 삶이 가능할 것으로 기대된다"고 보도했다.

재생산 기술이 진보할 때마다 그랬던 것처럼, 인공 자궁은 인류의 미래상을 그린 소설에, 그다음에는 과학 연구에, 이후 페미니스트의 이론에 힘을 보탰다. 20세기가 되면서 처음 몇십 년 동안 인공 자궁은 수백 개의 저속한 신문 기사와 디스토피아 소설에 등장했다. 체외 발생(ectogenesis, 자궁 외에서의 배아 발생)으로 인간의 대량 생산이 가능한 세계를 그린 소설 『멋진 신세계』(*Brave New World*)도 그중 하나다. 1952년, 뉴욕주 의학회는 인공 자궁의 설계를 시작했다. 의사들은 이 인공 자궁을,

머브 엠리

생명 유지 장치와 연결되어 인간 모체와 같은 "역할을 할" "화학 유체가 가득 찬 어항"으로 상상했다. 결국 이들은 성공을 거두지 못했지만, 1962년 스웨덴의 카롤린스카 연구소의 의사들이 "죽은 채 태어난 아기들", 그리고 좀 더 끔찍하게는 "어머니로부터 합법적으로 유산된 아기들"을 "되살리는" 인공 자궁을 발표하면서 성공 가능성을 알렸다. 같은 해, 임산부 셰리 핑크빈(당시 미국의 유명한 어린이 프로그램 진행자—옮긴이)은 배 속의 아이가 심각한 기형을 안고 태어날 가능성이 있다는 것을 알게 되었다. 핑크빈이 인공 임신 중절을 요청하면서 세상이 떠들썩해졌지만 고향인 애리조나주 정부로부터 거절을 당했다. 결국 그녀는 임신 중절 수술을 받기 위해 스웨덴(인공 자궁을 발표한 그 병원)으로 날아갔다. 이로써 제한적인 낙태법에 대한 분노가 커지는 가운데, 여성의 동의 없이 생명을 탄생시킨다는 인공 자궁의 전망은 점차 반(反)이상적으로 여겨지기 시작했다. 인공 자궁에 관한 연구는 1960년대 중반까지 삐걱거리다 한동안 사라졌다.

1970년이 되어서야 급진적 페미니스트 슐라미스 파이어스톤이 인공수정, 시험관 수정, 인공 태반, 단성 생식(파이어스톤은 『성의 변증법』[Dialectic Sex]에서 이를 '처녀 출산'[virgin birth]이라고 불렀다)이 여성을 재생산으로부터 해방시켜줄 미래를 상상했다. 그녀는 인공 자궁과 그 외의 재생산 기술이 이성애 위주의 가부장적 성 역할을 해체할 수 있다고 주장했다. 이 기술들을 이용하면 임신이라는 힘들고 단조로운 일—입덧과 극심한 피로, 진통과 분만, 산후 회복과 산후 우울증, 수유와 24시간 계속되는 육아—이

재생산에 관하여

아이를 낳고 돌보는 여러 방법 가운데 하나의 선택 사항이 될
수 있다는 생각이었다. 문제는 파이어스톤이 판단했듯이 재생산
기술에 대한 연구가 여성의 이익은 부차적인 것으로 간주하고
수행된다는 점이었다. 예컨대 인공 자궁은 단지 임신에 딸려 오는
일들을 원하지 않는 여성의 고생을 덜어주는 장치가 아니라,
조산아의 생명을 구하는 장치로 정당화되었다. 파이어스톤은
"아이를 낳지 않겠다거나 인공적인 방법으로 낳겠다는 결정이
기존의 출산처럼 합법화될 때까지 여성은 여성의 역할을
강요당하는 것이나 다름없다"고 경고했다.

　　새로운 재생산 기술에 대한 파이어스톤의 열정은 많은
급진적 동료 페미니스트들 사이에서도 불신과 조롱, 격분의
대상이 되었다. 어떤 페미니스트들은 기술이 유토피아를
불러올 것이라고 믿는 그녀의 천신난만함을 비판했고, 또 다른
페미니스트들은 기술의 인간성 말살에 대립해 '자연적 방식'을
더욱 강하게 주장했다. 『성의 변증법』에서 파이어스톤은 이
'자연적'이라는 것이 "반동적이고 히피-루소적인 '자연으로
돌아가자' 주의"의 일부로서, 불편과 위험을 여성이 본질적으로
겪어야 하는 경험으로 바꿔버릴 뿐 아니라 단지 개인적 차원의
권한 증대와 정치적 해방의 수단으로나 이용할 수 있는 위험한
이념이라고 일축했다. 그녀는 질에서 아기를 밀어내는 것이 어떤
느낌인지에 관한 간결하고 재미있는, 그리고 (내가 생각하기에) 꽤
정확한 사고 실험으로 '자연적인 것'의 교묘한 의도를 조롱했다.

　　　　　　　　머브 엠리

친구들에게 내가 놓쳤다는 그 위대한 경험에 대해 물어보니 그중 한 명은 호박을 누는 기분이라고 표현했다. 위대한 경험파는 호박을 누는 것이 뭐가 문제냐, 재밌을 수도 있지 않느냐고 묻는다. 그러자 그녀는 아프다고 말한다. 위대한 경험파는 죽는 것도 아닌데 그쯤 아픈 게 무슨 문제냐고 반박한다. 그녀는 그것이 지루한 과정이라고 말한다. 위대한 경험파는 고통은 하나의 경험으로서 흥미로울 수 있다고 대응한다. 그러자 그녀는 흥미로운 경험이라고 하기에는 상당히 큰 대가를 치르는 게 아니냐고 묻는다. 위대한 경험파는 그로 인해 당신이 받게 될 보상을 생각해보라고 말한다. 당신이 마음대로 할 수 있는, 온전히 당신 소유인 아기를 얻지 않느냐는 말이다. "음, 대단하긴 하네요." 그녀가 대답한다. "그런데 그 아기가 당신 같은 남자가 될지 어떻게 알아요?"

여기에서 '위대한 경험파'가 남성이며, 즐겁게 출산하라는 의무가 해방을 가장한 내면화된 여성 혐오의 집요한 압박으로 판명된 것은 그리 놀라운 일이 아니다. 여성이 불평이나 보상 없이 신체적·사회적 재생산이라는 짐을 짊어지도록 만들어졌다는 — 여성은 고통을 행복하고 창의적으로, 그리고 실제와 다르게 느끼도록 만들어졌다는 — 개념은 해방 정치학의 출발점으로는 실패한다.

그럼에도 불구하고 자연적 방식에 대한 담론은 계속

확장되었다. 자연적 방식은 파이어스톤이『성의 변증법』을 출간한 이래 강화되기만 한 배타적인 데다가 소비지상주의적인 논리로 재생산에 관한 토론의 주류를 차지했다. '자연 분만', '자연적인 모유 수유', '자연적인 육아', '자연적인 교육', 마치 어느 제약회사의 '천연' 태아 보충제 플라스틱 병에 쓰인 문구 같은 이러한 선전이 선진국에서 아이를 낳는 행운과 '에덴동산'에서 출산하는 것처럼 보일 특권을 가진 여성의 뇌리를 차지하고 있다. 온라인에는 매력적인 여성(주로 백인)이 잘 꾸며진 아파트 실내에 서서 임신에 도움이 되는 '슈퍼 푸드'와 500달러짜리 최면 출산 교재, '아름다운 수중 분만'을 보장하는 고가의 욕조를 광고하는 영상이 수십만 개나 올라와 있다. 어떤 사람들은 자신의 아이를 황홀한 DIY 출산법으로 낳는 영상을 올리기도 했다(그중에 25분을 넘는 영상은 없다). 한 블로거는 에이드리엔 리치의『더 이상 어머니는 없다』(*Of woman Born*)에서 공유된 '여성 생물학'(female biology)의 다음과 같은 초월적 비전을 암송하며 불안한 독자들을 달랜다. "음핵, 유방, 자궁, 질에서 뿜어져 나와 퍼지는 강력한 관능, 월경 주기, 여성의 몸에서 일어날 수 있는 잉태와 삶의 결실."

자연적 방식을 정치적 의제라기보다 생활방식의 한 선택으로 봤을 때, 자연적 방식의 겉으로 드러나는 뻔하고 구시대적이며 모순적인 측면은 쉽게 눈치채고 조롱할 수 있다. 그런데 현대기술이 발전하기 이전에 생긴 자연적 방식에 대한 통념이 임신을 하거나 아이를 키우는 개개인의 다양성을 가려버린다는 사실은 알아차리기 어렵다. 그것이 더 악의 없고

머브 엠리

절제된 형태 — 임신 가능성이 가장 높은 날을 계산해주는 앱을 홍보하고, 모성애를 호르몬의 발로로 여기고, '모유가 최고'라고 주장하고, 비이성애 재생산의 존재를 무시하는 등의 형태—라 하더라도 말이다. 이 개개인에는 비혼 여성, 불임 여성, 유산 경험이 있는 여성, 양부모, 조산아의 어머니, 대리모뿐 아니라 레즈비언, 트랜스젠더, 자신을 남성이나 여성으로 정의하지 않는 비관행적 젠더(gender non-conforming)도 포함된다. 도나 해러웨이가 「사이보그 선언문」(*A Cybog Manifesto*)에서 지적했듯이 '자연적 방식'이라는 관용어는 유성 생식이 재생산 전략의 한 종류라기보다는 유일한 선택처럼 보이게 만들고, 이로써 성(sex)과 성 역할이 "자연물의 자연스러운 면"이라는 자명해 보이는 이치에 의해 확정된다. 동시에 이 관용어는 유성 생식이 여성에게 어머니 되기, 유대감, 육아가 어떻게 작동하는지를 특권적으로(그리고 대개는 고통스럽게) 알려주는, 자율적이고 외부의 도움이 필요 없는 행위처럼 보이게 만든다.

하지만 페미니즘은 재생산과 관련해 어떤 대안 전략이 가능한지 지금껏 충분히 설명하지 못했다. 이는 부분적으로는 사고의 문제이자, 장르의 문제이기도 하다. 파이어스톤에서 해러웨이, 래버리아 쿠보닉스(Laboria Cuboniks, '해러웨이의 딸들'이라 불리는 이들의 반자연주의, 젠더 폐지주의[gender-abolitionist] 단체)까지, 페미니스트들이 내놓은 성명서들은 대개 재생산 기술, 생물공학적 개입, 호르몬, 젠더를 표현하기 위해 기술의 도움을 받아 자신을 바꾸는 젠더 해킹(gender

재생산에 관하여

hacking)을 포함하는 '내분비학 지식'에 대한 포괄적인 접근을 필요로 한다. 이 성명서들이 포괄적인 접근 과정에서 필연적으로 길을 잃는 부분이 다음과 같은 문제들에 대한 의견 차이이다. 바로 특정 기술들이 특정 사람들의 재생산 및 육아 경험을 어떻게 조정하는지, 이 기술들이 시간, 돈, 유대감, 건강관리, 법적 보호, 신체 완전성(bodily integrity)의 광대한 구조적 불평등을 어떻게 드러내는지, 그리고 이 불평등들이 언제, 어떻게 충분히 감지될 수 있는지, 자연적 재생산에 대한 욕구가 진보적인 재생산 정치를 언제, 어떻게 약화하는지와 같은 문제들이다.

이 모든 문제를 인식하고 무엇을 할 수 있을지 이해하기 위해 우리에게는 사례가 필요하다.

34세의 여성인 S는 최근 애인과 헤어졌다. 그녀는 샌프란시스코에 살며, 『포브스』가 선정한 '여성이 일하기 가장 좋은 100대 기업'에 이름을 올린 생명공학 회사에서 일한다. S의 회사는 직원들이 '일과 삶의 훌륭한 균형'을 유지하도록 돕기 위해 직원 스포츠 팀, 세차 및 자전거 수리 시설, 사내 미용실과 온천 치료 시설 등 많은 특전을 제공한다. 하지만 내 관심을 끈 특전은 '난자 냉동'이라고 더 잘 알려진 난모세포 동결 보존 비용을 최대 2만 달러까지 지원하는 것이었다.

2015년에 페이스북, 애플, 야후가 "확장된 가족 복리후생을 제공하겠다"라고 발표했을 때 "가장 인기 있고 새로운 특전"으로 세간의 관심을 사로잡은 항목은 사내 보육시설이나 입양 지원이

아닌 난자 동결이었다. 또 난자 동결 특전은 계급 차별적이고
반페미니즘적 정책이라는 점에서, 과학적 토대가 조잡하다는
점에서, 어머니가 되는 자연스러운 시기에 대한 단편적인 반대라는
점에서 비판을 불러일으켰다. 금융 칼럼리스트 수잰 맥기는
2014년 10월 19일 자 『가디언』에 "난자 냉동이 어머니가 되는 것을
미루는 멋진 방법처럼 보일 수 있다"라고 썼다. "준비가 되었을 때
난자를 녹여 수정시킨 뒤 착상시키면, 빙고! 당신은 어머니가 된다!"
맥기의 경멸은 기업들이 아니라 자신의 난자를 냉동시키기로
결정한 여성들을 향했다. 그녀는 이와 같은 여성들의 선택은
자연적인 수정이 얼마나 우월한지 모르기 때문으로밖에 설명할
수 없다고 암시했다. 재생산에 관한 여러 논쟁과 마찬가지로,
자본주의에 대한 비판으로 출발했던 문제가 이내 여성의 선택에
대한 비판이 되어버렸다.

　　회사의 난자 동결 정책을 설계하고 도입하는 데 관여했던
S는 맥기의 주장을 "어처구니없다"고 일축했고, 맥기와 같은
비평가들이 기업과 개인 수준에서의 난자 동결과 관련된
사안들에 관해 무지하다고 생각했다. S는 내게 아주 최근까지
캘리포니아주의 법은 이 회사의 민간보험업체에 성별이나
성적 지향과 관계없이 불임 치료를 보장할 것을 지시했다고
설명했다(캘리포니아 건강안전법[Health and Safety Code]
§1374.55와 보험법[Insurance Code] §10119.6은 체외수정을
제외한 난임 시술과 그와 관련한 보험을 보장하도록 명시하고
있다. 2013년에는 나이, 피부색, 장애, 동거인 여부, 젠더, 젠더

표현, 젠더 정체성, 유전 정보, 혼인 여부, 국적, 인종, 종교, 성별(sex) 또는 성적 지향에 따른 차별 없이 난임 시술 및 보험을 제공하도록 법을 개정했다. — 편집자 주) 그러나 많은 보험업체가 여전히 의학적 난임 진단 여부에 따라 치료를 보장하기로 했다. 따라서 보장을 받으려면 부부가 12개월 동안 성관계를 가진 뒤에도 임상적 혹은 생화학적으로 인정 가능한 '임신'을 하지 못했다는 의사의 확인이 필요했다. S의 회사에는 활발하게 활동하는 제법 큰 규모의 성소수자 단체가 있었다. 이 단체는 게이, 레즈비언, 트랜스젠더인 직원은 불임 진단을 받을 수 없다는 점을 경영진에게 거듭 지적했다. 이들은 캘리포니아주가 해결할 수 없는 부분에 회사가 개입하여 자신들에게 직접적인 영향을 미치는 차별을 바로잡아주길 원했다. 이 단체가 얼마나 오랫동안, 얼마나 강력하게 자신들의 의견을 밀어붙였는지는 정확히 알 수 없지만, 2015년 구글과 링크드인이 모든 직원에게 두 차례의 선택적 난자 동결 비용을 보장하겠다고 발표한 후 S의 회사는 경쟁력을 유지하기 위해 이 선례를 따랐다.

S의 냉동 난자는 자본주의적 경쟁과 사회정의의 실리콘밸리식 결합이 낳은 행복한 산물이다. 그녀는 이에 대해 사과할 이유가 없다고 생각했고, 내가 질문을 던지자 방어적이 되었다. 그녀에게는 난자를 냉동한 친구가 여섯 명 있는데, 그들은 저축한 돈을 찾거나 가족과 친구에게 빌리거나 수천 달러의 카드빚을 지며 자비로 비용을 댔다고 했다. 나는 "무슨 비용이요?"이라고 묻고는, 내가 이 시술에 무엇이 포함되는지 아는 바가 거의 없다는 사실을 깨닫고

머브 엠리

당황했다.

S는 빠르고 정확하게 설명했다. 시술을 시작하기 정확히 한 달 전, 캘리포니아 대학교 샌프란시스코 캠퍼스의 재생산기술센터를 방문한다. 그녀의 표현에 따르면, 재생산기술센터는 기름을 잘 친 기계 같은 곳으로, 환자를 신속하고 퉁명스럽게 다루고 같은 의사를 두 번 보기 힘들다. 의사가 질식 초음파로 자궁, 자궁강, 난소를 검사하여 이 시술의 대상인 난자들이 들어 있는, 유체로 가득 찬 둥글고 작은 주머니인 난포의 크기로 환자가 월경 주기의 어느 지점에 있는지 판단한다. 피임을 하고 있다면 이때부터 피임약 복용을 중단하고, 자궁 내 피임장치가 있다면 제거하겠다고 약속한다. 난자를 냉동만 하는 경우에는 자가 주사법에 관한 수업의 1부에 참석한다. 2부에는 난자를 채취한 뒤 바로 배아를 수정하여 이식할 여성, 즉 어머니가 될 준비가 된 여성이 참석한다. 수업에서는 손을 올바르게 씻고 말린 뒤 장갑을 끼는 법, 고날에프(Gonal-F), 메노푸어(Menopur), 루프론(Lupron) 같은 호르몬 약병을 소독하는 법, 매일 밤 정확히 같은 시각에 복근 사이의 부드러운 살에 찔러 넣을 주사기를 준비하는 법, 멍, 체중 증가, 기분 변화, 탈진, 난소 종창 및 통증 위험(난소과잉자극증후군이라고 불리는 질환), 그리고 시술이 실패할 가능성 —S는 말하지 않았지만 나는 그녀의 냉철한 목소리에서 불안감을 느낄 수 있었다— 에 대비하는 법을 배운다.

주사를 놓기 시작한 뒤에는 이틀에 한 번 병원에 들러 초음파를 받고 피를 뽑는다. 대부분의 여성은 남편이나 애인과

재생산에 관하여

함께 오며, 혼자 오는 여성은 아직 흔치 않다고 한다. S는 친구, 동료 들과 마찬가지로 자신이 '정상적인 아기'를 '정상적으로' 또는 '자연스러운 방식으로' 가지지 않는다는 사실에 예민하다. 이들은 정교한 기술의 도움으로 아이를 낳는 것이 그들을 타협하는 어머니 부류로 보이게 할까 봐 두려워한다. 나는 이야기를 나눈 여성들 중 보조(assisted)재생산기술을 인공(artificial)재생산기술로 잘못 말하는 사람이 많다는 사실에 놀랐다. 자연과 문화의 투박한 이분법이 단순한 말실수로 그 모습을 드러내는 것이다.

재생산을 한다는 것은 기술의 도움을 받아 몸의 증상을 발견하고, 그에 따라 기다림을 시작한다는 뜻이다. 여성의 hCG (human chorionic gonadotropin, 사람 융모성 성선자극호르몬) 수치가 임신 테스트기의 색소에 있는 인공항체와 결합할 정도로 높아질 때까지 4주를 기다려야 하고, 초음파 검사로 해부학적 이상을 확인하고 아이의 성별을 판단할 수 있으려면 20주가 필요하다. 또 아기가 생존하려면 28주를 기다려야 하는데, 이때는 태어나도 호흡관, 도뇨관, 인큐베이터의 도움을 받아야 한다.

하지만 재생산 관련 기술이 변화하면서 시대가 바뀌었다. S는 난자를 냉동하기까지의 과정이 힘들다고 말한다. 이제 당신은 서서히 태엽이 풀리는 가상의 생체시계가 아니라 매일 밤 준비하고 폐기하는 주삿바늘의 수로 날과 달을 측정하기 시작한다. 매일 피를 뽑아 검사하고, 난포를 측정하고 헤아린다. 매일 오후 1시와 2시 사이에는 병원의 전화번호가 뜨지 않길 바라면서, 그래서 당신의 호르몬 수치에 문제가 있고 난자(또는 몸)가 위험하다고 알리는 자동 음성 메시지를 듣지 않길 바라면서 전화기를 뚫어지게 쳐다본다. 그리고 매일 밤 정확히 9시에 주사를 놓고 한 시간 뒤에 잠이 든다.

이제 당신은 날짜가 지나가는 것을 그 기간에 금지된 일들로 헤아리기 시작한다. 담배를 피울 수 없고 끊어야 한다. 난소가 꼬여 혈류가 차단되어 심각한 통증과 구토를 유발하는 난소 염전이 일어날까 봐 운동도 할 수 없다. 어떤 상황에서도 성관계는 금지다. 수정될 위험성이 너무 크기 때문이다. 아이러니하게도 지금은 임신보다 덜 바람직하거나 더 위험한 것은 없다. 의사는 S에게 운이 좋으면 그녀의 난소에 스물다섯 개 이상의 난자가 자라고 있을 거라고 알려준 뒤, 그녀가 뜻하지 않은 수정의 두려움을 충분히 인식하도록 잠시 말을 멈춘다. 오늘날 생식 기간의 압축에는 그에 상응하는 생식 규모의 확대가 수반된다. 하나의 미지의 자손에서 부모로 가는 스물다섯 개의 갈림길로, 하나의 미지의 미래에서 다수의 미래로 확장된 것이다.

시술이 막바지에 이르면 검사와 정밀촬영 주기가 더 짧아지고 시간 측정을 더 자주, 더 정확하게 한다. 이제 그녀는 매일 병원을 방문해 초음파를 받는다. 의사는 난자를 최대로 채취할 수 있는 날을 예측하기 위해 그녀의 난포를 면밀하게 추적한다. 최적의 날짜를 맞추는 것이 무엇보다 중요하다. 너무 일찍 채취하면 원하는 만큼 많은 성숙한 난자를 얻지 못할 것이고, 너무 늦게 채취하면 일부 난자가 너무 커져 못 쓰게 될 것이다. 의사가 날짜를 정하면, S는 그날로부터 정확히 72시간 전에 "난포의 최종

성숙"을 유도하는 호르몬제인 "촉진제"를 직접 주사한다. 그러고는 기다린다. 이제 병원에 가서 마취를 받고 의사가 주사기로 질을 통해 난소를 찔러 난자를 채취하는 동안 잠들어 있기만 하면 된다.

S는 두 번의 난자 채취 시술을 받았다. 총 스물다섯 개의 난자를 채취했는데, 그 가운데 열다섯 개만 사용할 수 있다는 이야기를 의사에게 들었다. 의사는 15개월에 걸쳐 얻을 유전물질을 단 3개월 만에 만들어 채취한 것은 꽤 괜찮은 수확이라고 장담했고, 어쨌거나 이 두 번의 시술을 끝으로 S는 선택적 치료에 대한 의료비 지원 한도에 도달했다. 그녀는 이 열다섯 개의 난자를 "보험 증서"라고 부른다. 알 수 없는 미래에 대비하는 전략인 셈이다. 이 난자들은 그녀가 더 이상 고민하고 싶지 않은 문제에 대한 부담을 덜어준다. 오래도록 함께 할 동반자가 생길까? 임신을 하고 유지하는 데 어려움을 겪을까? 건강한 아이를 낳을 수 있을까?

많은 사람이 그녀에게 왜 아기를 낳지 않느냐고 묻는다. 그리고 더 늦기 전에 낳으라고 성화를 부린다. 그러나 이제 늦은 때란 없다. 그녀는 "난자들은 자유를 얻어야 해요"라고 탄식하듯 말한다. 하지만 무엇이 정상이고 아닌지에 대한 그녀의 내면화된 인식, 즉 그녀가 원하는 가족 구성의 유형은 안타깝게도 기술이 내거는 자유로운 약속과는 너무도 동떨어져 있다. 그녀는 자신의 재생산에 대해 그 어느 때보다 큰 통제력을 얻었지만, 그 선택은 바로 그녀 자신이 한 것이기 때문에 그녀는 자연적인 방법이라는 망령에 더욱 구속된 것처럼 보인다.

40세의 작가이자 대학 강사인 B는 체외수정(in vitro fertilization, IVF) 시술 비용으로 진 빚을 갚기 위해 원고료가 입금되길 기다리고 있다. 난자 동결 비용을 회사가 전부 부담했던 S와 달리, B는 친구와 동료 들에게 조금씩 돈을 빌려 체외수정 비용을 마련했다. 난자 채취 후 병원에 그녀를 태우러 온 사람들도 바로 친구들이었다. 이들은 그녀가 호르몬 치료의 고통으로 진이 빠지고 반듯이 누워 있어야만 했을 때 수업도 대신해주었다. 또 그녀가 처음이자 유일하게 인공수정을 했다가 유산했을 때 이야기를 나눈 유일한 여성들이기도 했다. 그러던 어느 날, B는 자신이 겪었던/겪는 고통을 혼자서 감내하기에는 너무 힘들다는 생각이 들었다. 그래서 자신의 경험을 페이스북에 올렸다. 서툴게 조절된 호르몬, 굴욕감을 준 정액 주입 시술 그리고 유산. 그녀는 "나는 낭만적인 사랑의 가능성을 위해 뭔가 하느니 텔레비전이나 볼 것이다"라고 글을 끝맺었다. "그러나 이 다른 유형의 사랑의 가능성을 위해서라면 나는 뭐든 할 것 같다."

비혼으로 체외수정 시술을 받는 경우는 유달리 잘 드러나지 않는다. 우리가 병원 웹사이트에서 보는 사연과 사진 속 등장인물은 거의 대부분 커플이다. 두 명의 근사한 사람들—남성 한 명과 여성 한 명, 두 명의 남성, 두 명의 여성—이 명확하게 정의된 가족이라는 보금자리로 아이를 데려올 완벽한 준비를 하고 더할 나위 없이 건강해 보이는 아이를 향해 팔을 활짝 벌리며 웃고 있다. 우리는 아이가 없는 커플을 보면 문득 궁금해진다. 저 커플은 아이를 낳길 원할까? 무슨 문제가 있나? 하지만 독신 여성과

재생산에 관하여

이야기를 나눌 때는 그녀가 아이를 낳으려 애쓰고 있다거나 아이를 잃었을 수 있다고 생각하지 않는다.

B가 유산을 한 것은 입사 면접을 보고 있을 때였다. B는 그당시 자신에게 무슨 일이 일어났다는 걸 알아차렸지만 어떻게 표현해야 할지 몰랐다. 그녀는 여성들이 대개 그러는 것처럼 통증에 시달리면서도 애써 말하고 미소를 지었고, 결국 그 일자리를 얻었다. 하지만 유산으로 인한 큰 상실감과 아이를 가지고 싶다는 드러낼 수 없는 소망이 충돌했다. 나와 이야기를 나눌 때도 그녀는 자신의 슬픔을 어느 정도까지 표현해야 할지 잘 모르는 것 같았다. 그녀는 내게 "무언가에 압도된 것처럼 육체적으로나 정신적으로 참담했어요"라고 말했다. "의사는 나 같은 생식기관을 가진 사람은 거의 일반적으로 겪는 일이라는 말을 계속했죠."

B의 표현에 따르자면, 그녀는 "지나치게 생식력이 좋은" 가족의 6남매 중 한 명으로 태어났다. 그녀의 가족 구성원들은 임신하려고 고생하기보다 뜻밖에 임신할 가능성이 훨씬 높은 축에 속했다. 첫 검사를 받으러 갔을 때 그녀의 난포 개수는 나이에 비해 이례적으로 많았다. B를 검진한 의사들은 시종 미소를 지으며 그녀의 난소를 칭찬했다. "이 난포들 좀 보세요!" 한 의사가 소리쳤다. "그저 제 할 일을 하고 있는 이 녀석들 좀 보라고요!"

B는 의사에게 아이를 갖기에 좋은 몸이라는 이야기를 듣고 무척이나 자랑스러웠다. 그녀는 자신이 타인을 돌보는 삶을 원한다는 것을 잘 알았지만, 출산을 하거나 유전적으로 자신과 연관된 아이를 가져야 한다는 강한 생물학적 의무를 느낀 적은

　　　　　머브 엠리

없었다. 처음에 그녀는 입양을 고려했다. 그래서 미래의 위탁부모를 위한 10주간의 교육에 참석했지만, 위탁부모가 되기 위해서는 애착을 경계하는 것이 매우 중요한 것임을 곧 알게 되었다. B가 사는 주에서는 아이를 위탁보호한 친부모에게 아이를 돌볼 수 있음을 증명할 1년의 시간을 준다. 위탁부모 교육에서는 사랑에 장벽을 두는 법, 애초에 당신의 아이가 아닌 아이(이 말을 누누이 듣는다)를 떼어 놓고 헤어짐을 슬퍼하는 법을 가르친다. B는 부모가 되는 첫 경험이 아이를 보내고 헤어지는 1년간의 예행연습이 되길 원하지 않았다.

S와 달리 B는 대학부속병원에서 자신을 지켜보며 필기를 하고 속삭이는 의대생들에게 둘러싸인 채 정액 주입 시술을 받았다. B는 후굴자궁(맨 윗부분이 앞으로가 뒤로 굽은 자궁)이었는데, 시술을 담당한 젊은 남성 레지던트는 정자를 B의 자궁에 넣으려는 두 번의 시도가 실패하자 허둥지둥했다. "대체 어떻게 된 거야?" 지도를 맡은 여성 산부인과 의사가 끼어들어 한 번에 수정에 성공시킬 때까지 그는 B를 향해 계속 투덜거렸다. B는 이렇게 임신을 했다. 그런 뒤 유산했지만, 그리고 세상이 그녀의 망가지고 지쳐빠진 몸을 피하는 듯했고 그녀 역시 그러했지만, 의사는 B가 다시 시도하길 열렬히 원했다. "인공수정을 계속해도 문제없어요. 당신은 분명 성공할 거예요." 의사가 B를 설득했지만, 그녀는 생각조차 하기 싫었다. 만약 다시 임신하기 원한다면 이식 전에 배아의 생존 가능성을 판단할 수 있게 체외에서 먼저 수정하고 싶었다. 그녀는 한 번의 갑작스러운 상실이

아니라 점진적 소모—검사와 선별 후에 자신의 난자와 배아를 계획적으로 줄이기—를 원했던 것이다.

B는 결국 체외수정을 선택했다. 그리고 주사를 맞은 지 불과 1주일 뒤, 거울 앞에 선 그녀는 뭔가 달라진 모습으로 쏘아보고 있는 거울 속 자신을 발견했다. 몸무게가 약 6.3킬로그램 불어난 거울 속 여자는 이미 임신 중기처럼 보였다. 2주가 지나자 아파트 계단을 오를 때 심장이 급격하게 뛰었다. 난소가 갑자기 중력에 예민해져 그녀를 세게 잡아당기고 발걸음을 짓누르는 걸 느낄 수 있었다. B는 이러한 고통이 의사가 말한 대로 그녀의 몸이 호르몬 치료에 잘 반응하고 있기 때문이라고 생각하며 그 모든 부작용은 '정상적'인 것이라고 자신을 안심시켰다. 비록 정상적인 것이 안전하지 못하게 느껴지긴 했지만.

병원에 가서 초음파 검사를 받자 난소과잉자극증후군에 걸리기 직전인 것으로 나타났다. 이제는 난소 안에 놀랄 만한 양의 액체가 차고, 걸을 때 심장이 빠르게 뛰어서 심장마비가 일어날까 봐 걱정되었다. 의사는 다른 촉진제를 처방하면서 얻을 수 있는 난자의 수가 상당히 줄어들 것이라고 경고했다. B는 너무나 잔인한 아이러니라고 생각했다. 처치에 대한 그녀의 예민한 반응은 생존 가능한 난자들이 그녀의 건강을 유지하기 위해 희생되어야 한다는 뜻이었다. 그녀는 무언가가 잘못되었고, 호르몬이 자신의 몸을 이질적인 땅으로 밀어 넣는다는 것을 내내 알고 있었는데 말이다.

지난번과 다른 남성 레지던트가 난자를 채취했고, 펜타닐에 몽롱하게 취해 있는데도 매우 아팠다. 레지던트는 신경 쓰지

　　　　　머브 엠리

않는 것 같았지만, 그를 지도하던 의사가 B의 얼굴을 유심히 살피더니 손을 잡아주길 원하느냐고 물었다. 레지던트가 총 스물두 개의 난자를 채취하는 내내 두 여성은 손깍지를 끼고 있었다. 나중에 B는 채취한 스물두 개 난자 중에서 열한 개만 수정되어 배아가 되었다는 것을 알았다. 그리고 그중 여섯 개만이 이식 전 유전선별검사를 통과했고, 또다시 그중 세 개만이 염색체 이상이 없다는 결과를 얻었다. 세 개의 배아 중 하나가 성공적으로 이식될 가능성은 약 50퍼센트. 의사는 B에게 유전선별검사 결과를 알리기 위해 전화했을 때 배아들의 성별을 알고 싶은지 물었다. "제겐 딸이 둘, 아들이 하나 있어요"라고 내게 말하는 B의 목소리가 뿌듯함으로 벅차올랐다.

그녀는 언제 이식할지를 두고 고심하고 있었다. 막 일자리를 옮기려던 참이었고, 새로운 고용주는 그녀가 입사한 이후부터 최소 1년은 출산휴가를 주지 않을 것이다. 비혼인 그녀는 유급 휴가가 필요했다. 12개월을 채우기 단 하루 전이라도 아기를 낳는 위험을 감수할 수는 없었다. 그녀는 지난 40년이 41년, 42년, 43년이 되고, 아이를 한 명 이상 원한다면 더 많은 세월이 쌓일 수밖에 없다는 것을 알았다.

나는 B에게 어떻게 할지 물어보았다. 그녀는 한숨을 쉬더니 "저는 그냥 앞으로 나아가야 해요. 그게 뭘 의미하든지요"라고 대답했다. 사람들은 그녀가 과정을 통제하고 있다고 장담한다. 하지만 그녀의 선택을 이끌고 형성하는 생물학적·물질적·정서적· 경제적 제약이 존재하고, 이 제약들은 그녀를 새로운 유형의

'신체적 불가능성'과 미지의 세계를 항해하면서 그녀가 짊어져야 하는 또 다른 책임에 적응하게 했다. B는 내게 "아주 많이 잘못된 것처럼 느껴져요"라고 말했다. "하지만 이건 그냥 정상적인 감정일 거예요."

대학원생인 N과 사진작가인 K는 둘 다 같은 시기에 임신을 해서 아이를 한 명 이상 낳겠다고 늘 생각해왔다. 그들은 고통을 분담하는 것이 공정하고 효율적이라고 생각했다. 하지만 10대 때부터 만성적인 의학적 문제가 있던 N은 임신을 하면 매우 위험할 수 있다고 의사는 말했다. 2010년에 두 사람이 찾아간 난임 치료 전문가는 그녀의 좌절감을 신기하게 생각했다. 그는 K를 가리키며 "왜 저분을 이용하지 않죠?"라고 농담을 건넸다. "두 분의 관계에서는 자궁이 두 개가 있습니다. 제가 보기엔 뭐가 문제인지 모르겠네요."

　2010년, K는 갑자기 나타난 심각한 자궁 출혈로 병원에 7일간 입원했다. 의사들은 그녀와 N에게 응급 자궁절제술을 선택할 수 있다고 알렸다. 그리고 그것이 가장 안전한 선택이라고 설명했다. 이는 둘 다 임신을 할 수 없게 되어 앞으로 가족을 만들려면 대리모를 이용하거나 입양을 해야 한다는 뜻이었다.

　두 사람은 고위험군 산과 전문의와 상담했다. 의사는 생물학적으로 봤을 때 둘 다 출산해서는 안 된다고 말했다. 그녀는 K에게 "너무 과체중이군요"라고 말하고는, K가 우울하고 불안해지기 쉽기 때문에 아이에게 "정신질환"을 물려줄 수

　　　　　머브 엠리

있다고 덧붙였다. 처음에 둘은 눈앞이 캄캄해져서 주저앉았지만 순간 분노가 치밀었다. 그리고 의사들의 축복은 생략하고 행동해야겠다는 의지를 불태웠다.

한동안 K와 N은 자신들의 결정이 지니는 정치적 유발성(political valence)을 심각하게 염려했다. 퀴어 이론과 장애학을 연구하는 N은 1980년대와 1990년대에 출간된 레즈비언 임신에 관한 페미니스트 저서를 여섯 권 읽었다. 그중 대다수가 생식력의 의학적 또는 기술적 차원은 인정하지 않은 채 비판만 했다. N은 "우리에겐 생식적인 문제가 없어요. 다만 정자가 필요할 뿐이죠"라고 농담했다. 그녀는 한동안 이와 관련한 논쟁으로 힘들어했고, 자신과 K가 병원의 정자은행이 아닌 친구에게 비공식적으로 정자를 공여해달라고 부탁해야 하는 건 아닌지 고민했다. 하지만 부권(父權) 요구, 면접교섭권, 아이가 가정법원에 드나들어야 하는 등 알려진 공여자에 따르는 법적 문제가 두려웠다. 그래서 두 사람은 결국 정자은행을 이용하기로 결정했다.

남성과 성적 접촉을 해본 적이 없던 레즈비언인 K는 정자 주입이라는 아이디어가 기묘하게 느껴졌고, 심지어 약간 재미있기까지 했다. 그녀는 임신에 이르기까지 약간의 낭만이나 마법이 수반될 것이라 기대하는 자신을 발견했다. 하지만 병원의 모든 것은 이런 기대와 완전히 어긋나게 돌아갔다. 무미건조한 검사실, 금속성의 차가운 검경, 고통스러웠던 예비 내원 당시 진찰을 하면서 그녀의 자궁경관도 잘 찾지 못하던 레지던트….

레지던트가 K에게 절차를 설명할 때 N은 K의 옆자리에

재생산에 관하여

앉아서 이야기를 듣고 있었다.

그가 "사흘 후에 정액 주입을 할 거예요"라고 말했다. "그러니 파트너의 샘플이 필요할 겁니다."

두 여성은 당황스러운 표정을 교환했다. 어떤 샘플이 필요하다는 걸까? 피? 소변? 레지던트는 샘플을 모아 정액 주입 전까지 보관하라고 말하더니 두 사람이 부연 설명을 요청할 틈도 없이 진료실에서 나가버렸다. 병원에서 나온 후에야 두 사람은 그가 N을 K의 남편 대신 온 친구로 생각했다는 걸 알아차렸다. 남편은 직장에 있거나 쑥스러워서 함께 오지 못했다고 믿었던 게 틀림없다.

그 후 N과 K는 다섯 번의 인공수정을 시도했다. 정액 주입 시술을 했던 레지던트는 N과 K가 친구나 자매라고 생각했고, 이 때문에 시술 당시 N의 존재는 철저히 무시당했다. 임신 테스트기는 다섯 번 모두 단 한 줄의 분홍색 선만 보여주었다. '임신이 아닙니다.' N은 계속되는 음성(negative) 결과가 두 사람이 아이를 가지지 못한다는 징표가 아닐까 의심했다. 독실하게 자란 K는 신이 두 사람이 아이를 가질 자격이 없다고 말하는 것은 아닐까 생각했다. 두 여성 모두 그들의 마음속에 갑자기 뿌리내린 내면화된 동성애 혐오증을 물리치는 데 익숙하지 않았다. 이 동성애 혐오증은 아이를 낳겠다는 결정을 둘이 함께 하는 인생에 대한 평가로 바꾸고 있었다.

또 그들이나 그들의 사연을 잘 모르는 사람들에게 원치 않는 조언을 받는 것에도 익숙하지 않았다. "그냥 입양하지

　　　　　　머브 엠리

그래요?"라고 말을 꺼낸 지인이 한두 명이 아니었다. 마치 입양은 체외수정 시술로 아이를 낳는 것보다 더 수월하거나, 더 빠르거나 정서적으로 덜 위험한 것처럼. 사람들은 임산부에게 달려가 "그냥 입양하지 그랬어요?"라고 묻지 않는다. N은 이런 성급함과 부당함에 지쳐 사람들의 말을 흉내 냈다. 그러고는 내게 "K와 나는 우리 두 사람의 생물학적 아이를 낳을 수 없어요"라고 말했다.

인공수정이 실패한 뒤 두 사람은 체외수정을 시도하기로 하고, K의 치료와 시술 비용을 충당하기 위해 N의 가족에게 돈을 빌렸다(같은 시기에 인공수정을 진행 중이던 N의 오빠와 올케는 인공수정 비용을 전부 보험 처리할 수 있었다). K는 항우울제 복용을 중단하고 루프론 주사를 맞아 생리를 억제했다. N은 약물 변경으로 인한 불안과 불면증을 견뎌야 하는 사람이 자신이 아니라 K인 것에 가책을 느꼈다. 두 사람은 자신들이 겪고 있는 모든 일이 정상이라고 안심하기 위해 '임신하려고 노력하는'(Trying to Conceive, TTC) 여성을 위한 몇몇 온라인 그룹에 가입했다. #ttc, #ttccommunity, #ttcsisters 같은 해시태그로 가입자가 100만 명이 넘는 인스타그램 커뮤니티도 찾았다. 사진은 주로 이성애자 백인 여성이 올렸고, 영감을 주는 문구("참을성을 가지고 당신의 여정을 믿어라")와 농담("월경: TTC에서 가장 미움받는 년"), 봉긋하게 불러온 배, 체외수정과 인공수정이 성공하여 어머니의 품에 안긴 아기들(#ivfbabies, #iuibabies)의 사진 등이 있었다. K는 또 페이스북에 있는 1,200명 규모의 퀴어 TTC

재생산에 관하여

그룹에도 가입했다. 이곳 회원은 대부분 레즈비언으로, 자신의
파트너를 친구나 여자 형제로 오해한 남성 의사에 관해 농담하길
좋아했다. K가 다니는 인공수정 병원의 소모임도 있었는데, 그녀는
여기에 가입은 했지만 가능한 한 참여하지 않으려고 노력했다.
K는 내게 이 소모임의 여성 대부분이 "더럽게 재수 없는 단계"에
있다고 말했다. 많은 사람이 최대 한도로 난자를 채취했고ㅡ의료비
보장 한도가 4회다ㅡ이식할 배아를 다 써버렸다. K는 이 모임이
밀실공포증을 앓는다고 느꼈다. 이곳에서 여성들은 모르는
사람에게 자신의 슬픔을 광적으로 투영하며 시간을 낭비하고
있었다.

　　나와 이야기를 나누었을 때 N과 K는 다섯 번째 체외수정
배아이식을 열흘 앞두고 있었다. 두 번의 유산을 겪은 뒤 두 사람은
남아 있는 배아들을 유선학석으로 검사하기로 결정했다. 지난번
K에게서 추출된 난자 스물여덟 개 가운데 다섯 개만 수정되었고,
그중 생존 가능한 것은 딱 한 개뿐이었다. 배아의 성별(sex)을
알게 된 N은 "완전 멘붕"에 빠졌다. 그녀는 "냉동고에 들어 있는
배아의 성별(gender)을 알게 된 후 나는, 그리고 우리는 이 배아가
더 진짜처럼 느껴졌어요"라고 말했다. 나는 그녀가 생물학적
성(sex)과 사회적 성(gender)을 혼동해서 쓴 것이 의도적이지
않을까 생각했다. 지금까지 받은 모든 학교교육으로 그녀는 젠더가
생물학적 인간의 탄생과는 상관이 없다고 이해했지만, 지금 그녀는
왠지 그렇게 느꼈다.

　　　　　　　　　머브 엠리

이야기를 나눈 며칠 뒤, N이 2018년 4월 『뉴욕타임스』에 실린 논평 하나를 보내 왔다. 조앤 스파타로가 쓴 「트랜스젠더 생식력에 관한 모험」(Adventures in Transgender Fertility)이라는 이 논평은 스파타로의 약혼녀인 트랜스젠더 여성 라라가 '생식력이 있는 시스젠더와 같은 방식으로' 아이를 낳을 수 있도록 에스트로겐 복용량을 서서히 줄여온 과정을 상세히 설명했다. "시스젠더는 그냥 짝을 이루어 잠을 자면 아이가 태어난다." 스파타로의 글에는 생물학적 문제를 둘러싼 불편한 심기가 뚜렷이 드러난다. 그녀는 에스트로겐의 중단이 가져오는 가장 표면적인 증상인 체중 증가, 모발 성장만을 묘사했다. "정자"나 "성관계"라는 단어는 절대 사용하지 않았다. 스파타로는 "나는 사랑하는 여성과의 사이에 생물학적 아이를 가질 수 있다. 내게 난자가 있고 그녀에게 아이를 구성하는 나머지 반이 있기만 하면"이라고 썼다. "그리고 그녀에겐 그것이 있었다. 어느 정도는. 하지만 일이 수월하지는 않았다."

　나는 처음에는 스파타로의 간접적인 문체에 놀랐다. 특히 이 논평의 좀 더 광범위한 목적이 트랜스젠더 커뮤니티의 사람들에게 재생산에 관해 더 자유롭게 이야기하고 10대 트랜스젠더에게 성전환 이전에 생식력을 보존하는 것에 관한 교육을 촉구하는 것임을 감안하면 더욱 그랬다. 이 사회적 의무는 생물학적 가족을 이루고 살고 싶은 그녀의 가슴 아픈 소망과 상충하는 것처럼 보인다. 스파타로는 성관계나 정자라는 단어를 쓰지 않음으로써 이 소망을 억눌렀지만, 그녀와 라라가 언젠가 갖게 될지 모르는 두 사람의 아이를 상상해서 묘사할 때는 그들의 소망을 있는

그대로 받아들였다. 그녀는 "나 자신의 생물학적 아이를 가질
수 없다고 생각하면 아이를 낳지 않기로 결정한 행복한 친구들
앞에서 갈기갈기 찢기는 기분이다"라고 썼다. 라라에 대해서는
"그녀는 자신이 원하는 건 우리의 아이를 가지는 것, 투명한 유리잔
안에 섞여 있는 두 종류의 모래처럼 우리 둘을 합친 인간을 얻는
것뿐임을 인정했다. 걸어 다니고 농담하고 텀블링을 하고 대학에 갈
수 있는 사랑의 상징 말이다"라고 말했다.

　온라인에서 스파타로의 글에 쏟아진 독설은 그녀가 글에서
성적·생물학적 차원을 억제한 것이 왜 전략적 선택이었을 수
있는지 더 잘 이해하게 해주었고, 이는 스파타로와 그녀의
파트너가 "구식"으로 아이를 가지려고 애쓰고 있다고 묘사한
『뉴욕타임스』의 홍보 트위터에서도 드러났다. 게리라는 사람은
"성적 치환이 감당할 수 없을 정도가 되었군"이라며 못마땅해했고,
찰리는 "우리가 남자 한 명과 여자 한 명이 아기를 가지는 문제에
관해 이야기하고 있는 것 맞지?"라고 물었다. 아이리스는 "이걸
한 레즈비언의 경험으로 묘사하려는 시도가 우스꽝스럽고
모욕적이다"라고 잘라 말했다. 아이리스는 게리, 찰리와 마찬가지로
외관상 정상으로 보이는 상황, 난자와 정자, 평범한 구식 성관계,
그들 모두가 이성애자의 결합이라고 생각한 관계에서 태어난
아이의 특이하고 상징적인 본질에 당황하고 혼란스러워하는
것 같았다. LGBT 커뮤니티의 논평자들은 스파타로와 그녀의
파트너가 성(sex)과 성 역할 면에서는 비규범적이면서 재생산에
있어서는 반규범적 실천을 보여주지 않은 데 실망했다. 나는

누구에게든, 어떤 커플에게든 그런 짐을 짊어지라고 요구하는
것이 너무 불공평하다는 생각이 들었다. 왜 재생산이 성 중립적이
되는 것이 아니라 성 정체성을 구체화해야 하는가? 레즈비언과
트랜스젠더 여성의 재생산이 왜 스파타로와 그녀의 파트너가 가장
불편한 재생산 방식으로 가장 체제전복적인 정치의 모범을 보여야
한다는 뜻이 될까?

재생산 욕구와 재생산 정치의 양가적인 관계를 가장 잘
설명한 것은 아마 미샤 카르데나스의 바이오아트 프로젝트인
「임신」(Pregnancy)일 것이다. 「임신」은 카르데나스가 자신의
신체조직을 극저온 보존했던 경험을 묘사한 시와 현미경
아래에서 꿈틀거리는 그녀의 정자를 촬영한 영상을 결합시켰다.
카르데나스는 정자를 생성하기 위해 에스트로겐과 테스토스테론
차단제 복용을 중단했고, 정자를 검사하기 위해 50달러를 주고
아동용 현미경 세트를 구입했다. 직접 현미경을 설치해보니
어떠했냐고 묻자, 그녀는 웃으면서 "이 모든 물질의 날짜를
추적하는 트랜스젠더 여성 과학자처럼 느껴졌어요"라고 대답했다.
"한번은 트랜스젠더 문학 회의에 갔는데 누군가가 정자를
보관하는 트랜스젠더 여성을 위한 소규모 페이스북 그룹을
소개해주더군요. 저는 그 그룹에 게시할 영상을 만들었고, 회원들
중 한 명인 생물학자가 나에게 굉장히 큰 힘을 북돋아주었어요."
카르데나스에게 페이스북 그룹은 아무도 돌아보지 않을 때
서로를 보살핀 트랜스젠더 여성의 긴 역사의 한 지점이었다.

카르데나스는 "그들은 내가 불임일 것이라고 말해 / 의사들과 책자들은 / 내가 지금 하고 있을 걸 / 할 수 없다고 말해"라고 썼다. "그 사람들은 몰라 / 그들은 내게 거짓말을 했어." 거짓의 잔인함은 유색 트랜스젠더 여성에게 상대적으로 훨씬 더 타격을 미치는 치명적 폭력의 진실에 의해 더욱 악화된다. 이 폭력은 그 자체가 재생산 문제이며, 자신의 안전을 당연하게 여기는 사람들, 갑작스러운 죽음의 가능성이 아니라 천천히 진행되는 불가피한 노화가 재생산의 시기를 결정짓는 사람들의 눈에는 대개 보이지 않는다. 하지만 카르데나스는 자신이 아이를 가질 만큼 오래 살 수 없다는 것을 알고 있다. 그녀는 "저는 언제라도 죽을 수 있어요"라고 말한다. "그래서 진짜로 절박하고요."

카르데나스가 「임신」을 쓰기 시작한 것은 에스트로겐을 끊은 이후부터다. S, N, K의 이야기와 마찬가지로 「임신」은 다양성과 불확실성을 다루며, 극단적인 영향과 불완전한 정치의 기록이다. 한편에는 죽음에 대한 두려움과 상충되는 광대한 삶이 있다. "나는 현미경 아래의 정자를 봐 / 한 놈 한 놈이 저마다의 의도를 가지고 헤엄치고 있어 / 한 놈 한 놈에게 저마다 가능한 삶이 있어… / 그래서 궁금해져 / 내 안에는 얼마나 많은 사람이 있는 걸까?"

이런 때에 「임신」은 그 미적·정치적 열망 면에서 휘트먼의 시와 비슷해 보일 수 있다. 이 프로젝트에서 개인의 재생산 행위는 강력하고 비타협적인 정치적 저항 행위로, 당신에게 맞지 않는 세상을 만드는 한 방식으로 등장한다. 카르데나스는 "우리는 이 대량학살 프로젝트들과 싸울 거야. 삶, 가족, 사랑, 즐거움을

머브 엠리

만들어서 / 우리의 동성애자 트랜스젠더 몸뚱이로 아이를
만들어서"라고 썼다. 이것은 가장 찬란한 형태의 실천이다: 주의
깊은 현미경 렌즈 아래에서 수백만 개의 정자가 꿈틀거리고
방향을 틀고 서로의 꼬리를 쫓는다.

이 시는 성명서의 권고조로 이야기를 시작하지만, 전체적인
억압과 부당함의 구조를 개편하는 것은 고사하고 한 사람의 몸을
만들고 다시 만드는 데 에너지를 쓰느라 진이 빠져 낙관적인
예언과는 거리가 멀어진다. 화자의 목소리는 맥 빠지고 우울하고
서글프게 바뀐다. 그녀는 아이를 혁명 프로젝트로 다룰 때의
윤리에 의문을 제기한다. 카르데나스는 재생산 욕구와 재생산 정치
사이의 동맹을 바라는 대신, 단지 재생산의 부정의, 아이를 낳을
권리가 왜 누구에게나 똑같이 주어진 권리가 아닌지에 대해서만
언급한다.

하지만 우리는 결심했어… 생물학적 길로 가기로
정신질환 병력이 있는 데다 양가 모두 가난한
갈색 피부의 병든 동성애자와 트랜스젠더 여성 두 사람에게
입양은 거의 불가능해 보이기 때문이야
알다시피 유색인종 동성애자 트랜스젠더(QTPOC)에겐 흔한
    일이야
당신이 아기에 대해 가지는 법적 권리는
당신이 생물학적으로 아기에게 준 것이 없으면 더욱 미약해져
그리고 나는 국경에서 또 다른 트라우마를 겪고 싶지 않아

          재생산에 관하여

> 인공수정, 세포질 내 정자 주입, 체외수정에는 수백만 달러가 들지
>
> 오, 시스젠더-이성애자 재생산의
>
> 특권이여!

「임신」이 명확하게 밝힌 점은 사람의 몸은 정치적으로 통제하기
힘든 곳이라는 것이다. 몸은 많은 사람이 원하는 것처럼 분명하게
또는 공정하게 보편적이거나 정체성주의적(identitarian)인 입장을
고수하지 않는다. 또한 그래서도 안 된다. 이는 그 자체로 일종의
반자연주의적 정치이며, 몸과 정치적인 것 사이에 믿음과 행동이
항상 일치하지는 않는 광대하게 매개된 세계가 존재함을 인정하는
것이다. 이렇게 쉽게 규정할 수 없는 공간에서는 대략적으로
또는 범주적으로 비슷해 보이는 사람들이 아주 다른 경험을 할
수 있다. 또 겉보기에는 서로 아주 달라 보이는 사람들이라도
여성이 ─그리고 가족을 구성한다고 해도 그 가족이 ─번성할
수 없도록 되어 있는 정치적 상황에서 필생의 일을 실현하기가
신체적·정서적으로 불가능하다는 공통된 경험을 할 수도 있다.
"왜 누구나 아이를 가지고 싶어 하지?" 내 친구 중 한 명이 이 글의
초안을 읽은 뒤 물었다. 단순한 질문이지만 나는 깜짝 놀랐다.
나는 그동안 이야기를 나눈 어떤 여성에게도 이 질문을 던지지
않았다. 이 질문은 그들에게 호르몬 주사와 질식 초음파에 대해
설명해달라고 하는 것보다 더 사적인 느낌이 들었다. 동시에
주사와 초음파 때문에 특히 시급해지는 질문이기도 하다. 당신은

머브 엠리

왜 사서 이런 고생을 하나요?

　이성적인 답이 있는 질문은 아니다. 성욕과 마찬가지로 재생산 욕구는 근본적으로 비이성적으로 보인다. 아이라는 개념은 판타지이며, 모든 판타지과 마찬가지로 그 의미는 사람마다 다르다. 어떤 사람에게는 아이가 불멸로 가는 길을 의미할 수 있고, 또 어떤 사람에게는 그 아버지의 죄를 바로잡을 수 있는 기회일 수 있다. 하지만 부정할 수 없는 점은 개인의 불운 때문이 아니라 여성들 사이의 거대한 구조적 불평등 때문에 판타지를 충족하지 못한다면 그 판타지는 결국 뒤틀린다는 것이다. 당신의 노력이 갖는 '부자연스러움'이 당신의 주체성을 알려주는 대리 지표이자 불공평하고 부당한 세계에서 당신의 정치적·경제적·사회적 입장에 대한 국민투표가 된다.

　하지만 심지어 '자연스러워' 보이는 재생산이라도 모든 재생산은 도움을 받는다. 어떤 형태의 도움은 보이지 않게 주어진다. 재생산이 정치적 문제가 아닌 사람들에게는 이 도움이 당연하게 여겨지기 때문이다. 임신하기 위해 돈을 쓸 필요가 없는 사람은 임신에 엄청나게 많은 비용이 들 수 있다는 생각을 하지 못할 수도 있다. 마찬가지로 임신하기 위해 몸을 변화시킬 필요가 없는 사람이라면 임신이 힘들고 위험한 일이라는 생각을 하지 못할 수 있다. 의사가 당신에게 상처를 주거나 조롱하거나 무시하거나 거짓말을 하지 않는다면, 아이를 낳기에 충분히 건강한 사람으로 여겨진다는 것이 존재론이 아니라 이데올로기라는 생각을 하지 못할 수 있다. 아이와 당신의 관계의 법적 상태를 걱정할 필요가 없는 사람이라면 아이를 당신에게서 떼어 놓을 수 있다는 생각을 하지 못할 수 있다. 자신의 안전을 걱정하지 않는 사람이라면 생명을 탄생시키기 위해 꼭 살아남아야 한다는 생각을 하지 못할 수 있다.

앞에서 소개한 사례들의 주된 교집합은 여성과 재생산 기술이 만났을 때의 신체적 또는 심리적 세부사항이 아니라, 이 기술들이 재생산 정치에 대한 여전히 제한적인 판타지를 어떻게 드러내는지에 있다. 도로시 로버츠가 주장했듯이, 주류 재생산권 운동 — 완벽하게 제약 없는 선택이라는 판타지 — 은 종종 유색인종 여성의 재생산 정의(reproductive justice) 운동을 밀어낸다. 유색인종 여성의 운동은 단지 아이를 낳지 않을 여성의 권리뿐 아니라 아이를 낳아서 '안전하고 건강하며 그들을 지지해주는 환경에서 존엄성 있게' 키울 권리를 주장한다. 로버츠는 이 권리들이 재생산 정책에 관한 논쟁들 사이에서 거의 인정되지 않는다고 생각한다. 이 논쟁들은 보편적인 의료 서비스, 유급 육아 휴가, 성 소수자와 장애인 보호 같은 광범위한 변화를 배제하고 '낙태'에 초점을 맞추는 경향이 있다.

하지만 적극적인 재생산권을 인정하면 단지 공공자원의 분배를 바꾸는 이상의 변화를 불러올 수 있다. 그러면 더 이상 자연적 방식이 크게 부각되지 않고 더 이상 우리의 언어 속에 편하게 자리 잡지 못하게 될 때까지, 의학적 도움을 받은 재생산이 우리가 무기로 삼는 선호 전략이 될 수 있다. 또 내가 이 글에서 전한 이야기들이 더 이상 분노나 좌절, 외로움이 아니라 서로

머브 엠리

다른 계층과 인종, 성별을 가진 여성들의 연대로 특징지어질
때까지 그들의 차이를 좁힐 수 있을 것이다. 그리고 정치적인 것이
기술적인 것을 따라잡고 우리의 행동이 우리의 믿음을 따라잡도록
하여 재생산이 더 이상 수많은 여성에게 불가능한 것 — 불안한
환상 — 이 되지 않을 수도 있을 것이다.

↵ # Mothering
— Sophie Lewis

어머니 역할
—소피 루이스

임신의 젠더는 애매모호하다. 임신하면 목소리가 낮아진다거나 다리가 뻣뻣한 털로 뒤덮인다는 이야기를 하는 게 이니다. 국가의 부름을 받으면 전투에서 목숨을 내놓아야 하는 남성의 의무와 임신이 비슷하다는 고대 그리스인의 믿음을 말하는 것도 아니다. 그렇다고 임신한 사람들의 이질성을 말하는 것도 아니다. 오히려 정치경제학자들이 끊임없이 '노동의 여성화'(feminization of labor)를 이야기하는 상황에서 내가 보기에는 일 자체—머브 엠리의 말처럼 임신은 일이다—의 경제적 젠더화가 겉보기만큼 명확하지는 않은 것 같다.

  파울 B. 프레시아도가 『테스토스테론 중독자』(*Testo Junkie*)에서 지적했듯이, 전 세계적인 노동 불안정성—죄송, 유연성!—및 감정노동 경향을 설명하는 노동의 여성화 이론은 그다지 도움이 되지 않는다. 이 이론은 '여성성'이 무엇인지를 전제로 한다. 그럼에도 이런 접근 방식은 21세기에 돈을 받고 아기를 낳는 직업은 잘 설명하지 못한다. 편안한 집(캘리포니아주) 또는 병원 기숙사(네팔, 케냐, 라오스)에서 돈을 받고 임신을 한 상업적 대리모들은 주 7일 24시간 일한다. 이들은 '유연'하지 않다. 이들은 순전히 기술(techne), 창의성 없는 근육일 것으로 예상된다. 인공 자궁에 대한 꿈은 1960년대에 대체로 포기되었지만, 체외수정 기술이 완성되어 몸이 전적으로 이질적인 물질을 잉태할 수 있게 된 이후, 살아 있는 인간은 줄곧 '보조재생산기술'이라는 완곡한 표현의 '기술' 부품이 되었다.

앤절라 데이비스는 소위 새로운 재생산 기술이 말처럼 그렇게 새롭지 않다고 생각했다. 흑인 여성은 미국의 농장에서 오랫동안 대리모 노릇을 해오지 않았는가? 미국에서 어머니가 된다는 것이 결혼한 백인 여성의 제도로 교묘하게 자리 잡은 이후, 흑인 노예 여성은 자신이 수행한 임신 노동의 결실에 대해 혈연관계나 소유권을 주장할 수 없었다. 사실 이 여성들은 어머니나 미국인으로는 고사하고 **여성**으로도 공적인 인정을 받지 못했다. 그 외의 우생학적이고 가부장적인 법들은 결혼하지 않은 프롤레타리아들로부터 '그들의' 아기를 빼앗았다. 오늘날에도 미국 사회의 인종 및 계층의 역학관계는 임신을 하면 자연적으로 임산부에게 어머니의 지위가 생긴다는 평범하고 확실한 사실—어머니는 항상 확실하다(mater semper certa est)—을 계속 어지럽히고 있다.

하지만 이런 상황은 '꼭 그래야 하는가?'라는 의문도 불러일으킨다. 어머니 되기와 임신이 과연 살 만한 세상의 유효한 토대인가? 대학살을 막는다는 유엔의 새천년 목표를 조롱하며 지금도 매년 수십만 명에 이르는 사람이 임신으로 인해 목숨을 잃는다. 미국에서만 해마다 거의 1,000명이 출산 중에 숨을 거두고 '죽을 뻔한' 사람도 6만 5,000명에 이른다. 이런 상황은 단순히 자연적인 것이 아니라 사회적인 것이다. 페미니스트들은 (잠재적으로 바람직한) 어머니 역할(mothering)과 (나쁜) 어머니다움(motherhood)을 구분하곤 했다. 전자는 후자의 관례를 잠재적으로 파괴할 수 있는 총체적인 실제 행위들(오드리 로드의 "우리는 우리 자신을 어머니처럼 보살피는 법을 배울 수 있다"라는 주장을 포함하여)을 불러낸다. 그러나 오늘날 가족이 필수라는 관념을 버리면서 주류 페미니스트들은 이 유용한 구분을 대체로 훨씬 앞질러 나간다.

불임 산업이 모든 사람에게 지속적으로 당신의 생물발생적인 아기를 가져야 한다고 설득하는 데 모든 자원을 탈탈 털어 넣고 있는 반면, 다행히 알렉시스 폴린 검스 같은 급진주의자들은 어머니의 역할에 관해 창의적으로 생각하는 이전의 전통을 되살리고 있다. 검스는 어느 정도 오래 지속되어온 흑인들의 친족관계 관행의 퀴어성(queerness)과 공산주의적인 반사유재산주의의 증거로 복수 모성(polymaternalism, 각 아이가 성별에 관계없이 여러 어머니를 가진다) 제도를 언급했다. '흑인 싱글맘 공동체'는 "아이들은 가부장제의 소유가 아니다. 우리의

소피 루이스

소유도 아니다. 아이들은 오직 자기 자신의 것이다"라고 선포했다.
부모의 소유욕을 없애고 대신 성인들과 아이들 간의 동지적 관계를
촉진하기, 이것이 마지 피어스가 『시간의 경계에 선 여자』(*Woman
on the Edge of Time*)에서 임신이 자동화된 사회를 그리며 제시한
비전의 핵심이다. 또한 엠리의 표현에 따르면 "단지 임신에 딸려
오는 일들을 원하지 않는" 사람들에 대한 변호와 함께 슐라미스
파이어스톤의 제안에서 종종 잊히는 가장 중요한 부분이기도 하다.

    따라서 나는 엠리가 이 글을 쓸 때 미래 소설 속의 출산
자동화, 1970년대의 유토피아적 페미니즘, 과학 실험들(1894년의
그 상자!)에서 방향을 돌려 미국의 '난임 치료'의 실상을 알아보는,
총명하지만 낙담을 안겨주는 여행을 시작하면서 약간 내키지
않았을 것이라고 짐작한다. 또한 모든 재생산이 도움을 받는다고
간주되어야 한다는 엠리의 주장에는 더욱 동의하지 못하겠다.
내 생각에 이것은 좌파의 믿음(doxa)일 것이다. "우리의 성패는
완전히 서로서로에게 달려 있다." 도나 해러웨이가 최근에 한
말이지만, 나는 이 말이 언제 처음으로 완전히 이해되었는지
지금도 기억한다. 대화를 하다가 내가 "의학의 도움을 받는 재생산"
(assisted reproduction)이라는 용어를 무심코 꺼냈을 때였다. 내
대화 상대는 장애인 인권 활동가였다. 나는 내 이야기가 그녀에게
깊은 인상을 주었을 거라고 생각했다. 하지만 그러기는커녕 그녀의
새된 웃음소리 때문에 한창 내 소개를 하던 중에 말을 멈추어야
했다. 그녀는 "도움을 받지 **않고** 아기를 낳을 수 있는 것처럼
말하네요!"라고 대꾸했다. 맞는 말이었다. 우리를 만들고 바꾸려면

어머니 역할

많은 사람이 많은 일을 해야 한다. 우리가 태어나기 전에도, 그리고 태어난 후에도.

엠리는 자신의 글에서 일과 일로부터의 해방이라는 문제에 계속 한 발을 담그고 있다. 그녀는 K에 관해 "인공수정 치료는 또 다른 풀타임 업무처럼 느껴졌다"라고 썼다(앞선 엠리의 글에는 이 문장이 언급되지 않는다. 필자의 착오로 보인다. ─편집자 주). 의학적 도움을 받는 재생산의 엄격한 시간 규율(마르크스가 그토록 공들여 설명했던)도 이와 기묘하게 비슷하다. 노동자의 생존을 돕는 것은 언제나 그랬듯이 보살핌, 공동체, 연대이며, 엠리는 이 힘들이 여성들로부터 압도적으로 많이 나온다는 것을 발견했다. 실제로, 잠깐 등장해 동성애 혐오를 드러내거나 후굴자궁 앞에서 쩔쩔 맨 엑스트라들을 제외하면 엠리의 글에는 남성이 없다. 여성들 그리고 난자와 정자만 있다. 이 짐을 알아차리고 처음에 나는 '파이어스톤이 자랑스워하겠군' 하고 생각했다. 그러나 엠리가 명확하게 밝힌 것처럼, 실제로 오늘날에는 상당히 보수적인 가족의 이미지를 지키는 데 남성 혹은 심지어 이성애가 꼭 필요한 건 아니다.

엠리가 논의를 전개하는 과정에서 두 가지 삐끗한 부분이 있다. 하나는 조앤 스파타로가 "생물학적 문제를 둘러싼 불편한 심기를 뚜렷이 드러냈다"는 (동정적인) 생각이다. 나는 스파타로가 "에스트로겐의 중단이 가져오는 가장 표면적인 증상만 묘사했다"고 느끼지 않았다. 그렇다면 빠진 것은 무엇인가? 아마 자살 위험, 유방 및 생식기의 상세한 크기 변화 등이 있을 것이다. 엠리는

소피 루이스

또 일부 용어(구체적으로 "성관계"와 "정자")가 "억제"되었다고 썼다. 하지만 시스젠더 부모에 관한 서술에서 기대하는 명확한 세부사항의 수준에 비하면 「트랜스젠더 생식력에 관한 모험」에는 생물학이 부족하지 않다. 이 사례가 엠리의 이야기에서 남성의 성기가 수정을 시키는 한 가지 시나리오라는 것은 인정한다. 하지만 그렇다고 해서 이 사례에서 "성적인"과 "생물학적인"이 동의어로 보이게 될까?

트랜스젠더 약혼자가 있는 이해당사자로서 말하자면, 생물학적 음경이 질에 삽입되는 보기 드문 하위 유형의 레즈비언 성관계가 지닌 기계적·심리적 역학이 내 관심을 끌었다. 그래도 나는 트랜스젠더의 재생산 타이밍 문제의 특수성을 다룬 이 논의에서 이 문제들이 제외된 것이 타당하다고(단지 전략적으로 배제된 것이 아니라) 느낀다. 『뉴욕타임스』가 "구식"이라는 문구를 홍보에 사용한 것은 라라가 자궁 부근에 사정할 수 있는 성기를 소유한 것을 스파타로가 '정당화'하길 원하는, 암묵적으로 성 전환자를 혐오하는 대중의 호색적인 바람을 반영하지는 않는다고 해도 최소한 보여주기는 한다. 이 글에 대해 온라인에서 쏟아진 다양한 유형의 혹독한 반응 중에서 엠리는 이 커플이 "가장 불편한 재생산 방식 혹은 가장 체제전복적인 정치의 모범을 보여야 한다"는 성 소수자 독자들의 부당한 요구를 제대로 짚어냈다. 하지만 아무리 공감하며 글을 쓴다고 해도 트랜스젠더 여성의 성관계와 정자가 **편안히** 지지될 것이라는 기대 역시 마찬가지로 좀 부당할 것이다.

어머니 역할

내가 두 번째로 멈칫한 부분은 "여성이 ─ 그리고 가족을 구성한다고 해도 그 가족이 ─ 번성할 수 없도록 되어 있는 정치적 상황"이라는 언급과 관련 있다. 이것은 한편으로는 '가족의 가치'라는 거짓에 난 중요한 구멍이다. 니나 파워의 말처럼 "정치가 이론적으로 너무도 친아동적인 것은 실제로는 너무나 반아동적(그리고 반여성적)이기 때문이다". 자본주의 사회는 잉여가치를 제외하고는 그 누구 혹은 그 무엇의 번성에도 아무 관심이 없다. 이 사회는 상속법이 불평등을 조성하는 데 도움이 된다는 의미에서 오직 "가족을 위해서만" 설계된 사회이다. 다른 한편으로 그 때문에 나는 가족에 대한 엠리의 암묵적 정의가 지니는 포용성을 인정한다. 엠리의 정의는 한때 **친지(kith)**라고 불리던 관계, 즉 실의에 빠진 청소년 퀴어(그리고 그 외에 생산에서 제외된 사람들)가 계속 살아가게 해주있던 신택적 친족관계와 돌봄의 책무를 포용하는 데 맞추어져 있다.

The Violence of the Natural
— Annie Menzel

자연적인 것의 폭력
— 애니 멘젤

머브 엠리는 혁신주의 시대(Progressive Era)의 '인공 자궁'에서부터 불공평하게 분배된 오늘날 인공수정의 극적이고 사람을 황폐하게 만드는 상황에 이르기까지 1세기에 걸친 보조재생산기술에 관해 포괄적으로 다루었다. 그러나 엠리의 글에는 인종과 인종주의가 거의 완전히 빠져 있어서 그녀가 입증하고자 한 주장의 맥락과 핵심 모두가 모호해진다.

이 점이 아쉽게 느껴지는 것은, 엠리의 글에는 찬탄할 부분이 많기 때문이다. 특히 1970년대에 『성의 변증법』에서 슐라미스 파이어스톤이 젠더 위계 폐지의 기본으로 기계화된 임신을 요구한 것을 짚어낸 점은 설득력 있고 시기적절하다. 이성애 위주의 가부장제 정착, 시스젠더 중심주의, 보조재생산기술 — 선조들의 공상 과학적 상상의 산물에 근접하고 뛰어넘기까지 한 — 의

사용에서 나타나는 계급화를 강조한 파이어스톤의 비전은 현재의 실패들에 대한 척도가 된다.

엠리는 파이어스톤을 비판한 2세대 페미니스트들이 '자연적 방식'을 특히 의료화된 출산과 비교하여 페미니즘 저항의 성역으로서 호소한 것을 비난했다. 뿐만 아니라 최고조에 달한 '자연적 방식'의 지배를 이성애 위주의 가부장제와 계급주의를 나타내는 표지라고 제대로 지적했다. 이런 비판은 '반자연주의' 정치에 대한 그녀의 설득력 있는 요구를 뒷받침한다. 엠리는 시험관이 포함되든 안 되든 "모든 재생산은 도움을 받는다", 즉 재생산은 생명을 촉진하거나 실패하게 하는 상황과 관계 안에 속해 있다고 공언한다.

하지만 '자연적 방식'의 폭력은 2세대 페미니즘 투사들을 오래전에 앞질렀다. 헤이즐 카비와 호텐스 스필러스는 1980년대에 쓴 책에서 아프리카인과 그 후손의 노예화는 이성애 위주의 가부장적 젠더와 친족관계 범주에서의 그들의 추방을 수반했다고 주장했다. 백인 가족은 이 계층적 역할에 따라 스스로를 정의했고, 아이들은 정복과 노예를 재산으로 삼는 제도의 전리품을 얻기 위한 세대 간 통로 역할을 했다. 하지만 상품으로 여겨지는 인간에게 '어머니'와 '아버지'라는 자연적인 관계는 매매 가능한 자신의 자식에 대한 어떤 권리도 없었고 자식을 보호할 수도 없었다. 이런 과거의 유산이 '비자연적인' 흑인 (비)어머니와 (비)아버지에 대해 만연한 고정관념으로 계속해서 남아 있다. 도로시 로버츠가 설명했듯 무엇보다 이런 유산은 흑인 아이들을 그들의

애니 멘젤

가족으로부터 떼어 놓고 종종 백인 가정에 배치하는 행태를 정당화한다. 이와 같은 논리가 오랜 시간 북미 원주민의 아이들을 친족에게서 떼어 놓는 행위에 대한 근거가 되었다. 혹은 아주 최근에 일어난 데본트 하트와 그의 다섯 형제자매를 죽음으로 몰고 간 사건을 생각해볼 수 있다. 이 아이들은 모두 흑인이었는데, 아이들의 양어머니가 백인 중산층이라는 '자연스러움'이, 살인 사건이 일어나기 전 수년 동안 자행된 학대를 감추었다.

인종주의는 조산과 유산, 난임에도 깊은 영향을 미친다. '인공 자궁'은 흑인 영아의 사망률이 백인의 거의 두 배에 이르는 데도 대규모 영아 구호 캠페인이 흑인 영아는 간과하는 상황에서 수면으로 떠올랐다. 흑인 페미니즘의 이론화에 발맞추어 최근에 등장한 공중보건 합의는 미국 내 재생산 건강의 엄청난 격차가 인종주의의 세대 간 폭력에 뿌리를 두고 있다고 본다. 그래서 인류학자 데이나-아인 데이비스는 이질적인 흑인 조산률이 새디야 하트먼이 말한 "노예제의 사후 세계", 즉 오늘날의 흑인-백인 영아 사망률을 1890년대와 동일하게 만드는 일상적인 흑인 적대주의, 국가 폭력, 의학적 인종주의를 나타낸다고 제시한다. 흑인 디아스포라 및 젠더를 연구하는 옴지크 나타샤 틴슬리가 관찰한 바와 같이, 난임과 전반적인 재생산 손실(reproductive loss, 모성 사망 및 유산, 사산, 주산기 사망, 영아 사망의 경험과 관련된 용어로, 더 넓게는 난임과 의학적 도움을 받은 재생산처럼 '평범한' 재생산 경험을 하지 못하는 경우를 포괄한다.—편집자 주) 또한 흑인 여성에게 불균형적인 영향을 미치지만, 여전히 흑인의 생식력이 매우 높다는 강력한 통념이 이런 사실을 가려버린다.

인종주의를 적절하게 다루기 위해서는 '자연적' 출산에
집착하지 않아야 하는 한편, 과도한 의료화가 큰 피해를 줄 수
있다는 점 또한 인정해야 한다. 엠리는 1970년대 페미니스트들의
비의료화된 출산 요구를 무시함으로써 과도한 의료화로 인한
피해들은 가려버린다(그리고 이런 태도는 실제로 B와 N이
레지던트로 인해 느낀 고통과 기묘하게 공존한다). '흑인 여성
출산 정의 공동체'가 강조했듯이, 흑인 여성은 백인보다 제왕절개
수술의 후유증으로 피해를 입거나 사망할 가능성이 훨씬 크다.

이를 근거로 인종주의가 보조재생산기술의 세계에 침투한
것은 더 이상 놀라운 일이 아니다. 인류학자 데이지 디오멤포는
인도의 대리모를 다룬 저서에서 재생산 노동의 이러한 순환이
전 세계적 백인의 재생산을 담보한다고 주장했다. 또한 북미에서
인공수정 시술 지원자가 더 넓은 인종 및 젠더 스펙트럼상에
있다면 인종주의는 인공수정 이후의 삶까지 침투한다. 시러스
마르쿠스 웨어는 「임신한 흑인 아버지의 고백」(Confessions of a
Black Pregnant Dad)에서 "트랜스젠더 아버지로서 내 성 정체성은
여러 방식으로 도전받는다. 그중에서 인종에 근거한 사고가
신생아에게 투영되는 방식만큼 우리 가족에게 영향을 미치는 것은
없다"라고 썼다.

엠리가 제시한 틀은 재생산 부정의의 중심인 인종주의의
폭력을 모호하게 한다. 그 때문에 유색인종 여성과 유색인종
동성애자가 반인종주의적이고 반자본주의적이며 젠더 해방적인

애니 멘젤

재생산 및 친족관계 형태를 인식하고 실천해온 여러 방식도 놓치고 만다. 이론, 실천, 운동 조직을 위한 특히 강력하고 생산적인 접근 틀은 재생산 정의 개념이다. 흑인 및 유색인종 여성 페미니즘에 뿌리를 둔 재생산 정의는 '시스터송 유색인종 여성 재생산 정의 공동체'가 정의한 대로 아이를 낳지 않을 권리가 아니라 낳을 권리, 건강하고 안전한 환경에서 아이를 기를 권리, 젠더 해방, 성적 자율성에 중점을 둔다. 또한 신자유주의적 '선택'의 논리를 거부하고 재생산 억압(reproductive oppression)에 가장 많이 영향받는 사람들을 분석과 조직화의 중심에 두며 아이들을 집단 책임이라고 생각한다. 시스터송의 창립위원 중 한 명인 이론가 로레타 로스가 쓴 것처럼, "아이들은 우리 조상과의 연결고리이며 아이들의 건강, 교육, 안전, 행복에 대한 책임은 공동체에 있다."

이 점에서 엠리는 파이어스톤이 제시한 비전의 일부를 사실상 생략했다. 파이어스톤은 기술의 필요성을 "출산과 양육의 역할을 사회 전체에 확산"하라는 요구와 결합시켰다. 작가이자 활동가인 알렉시스 폴린 검스는 이 역시 유색인종 여성, 특히 퀴어 여성이 가장 명백하게 드러내온 비전임을 상기시킨다. 그녀는 1979년에 열린 제1회 '전국 제3세계 레즈비언 및 게이 회의'에 참석했던 'Doc'의 말에 의지해 '제3세계 레즈비언 위원회'가 "모든 유색인종 레즈비언 개개인의 아이들에 대한 책임이 제3세계의 레즈비언 공동체에 있다고 주장했다"고 썼다. 이런 입장은 "어머니 역할을 동성애자와 미래의 협력으로 보고…육아 관계를 소유의 관계에서 그 실천에 있어 동반자 관계로 바꾸는 프로젝트"에 기여한다.

자연적인것의 폭력

이는 S, B, N, K 혹은 미샤 카르데나스가 각자 생물학적인
부모가 되기 위해 노력하는 과정에서 겪은 상심을 축소하지
않는다. 엠리는 카르데나스가 라틴계 트랜스젠더 여성으로서 처한
위험에 주의를 기울이라고 힘주어 요구한다. 강력한 요구이긴
하지만, 카르데나스는 엠리가 민족(ethnicity)을 언급한 유일한
사람이다. 인종주의와 재생산 간의 역사적 관계를 고려하지
않으면 카르데나스가 처한 위험의 범위도, 원인도 충분히 이해할
수 없다. 부모가 되고 싶어 하는 사람들이 용기 있게 공유한 이
모든 이야기와 관련해서도 우리는 참담한 소외와 재생산 결핍을
불러오는 백인 우월주의, 이성애 중심의 가부장제, 자본주의의
복잡다단한 관계를 잘 이해하지 못한다. 역으로, 친족관계에 대한
흑인과 유색인종 여성 페미니즘의 개념과 실천을 중심에 두면
우리 모두의 미래에 필요한 도움을 받는 삶을 위한 기술들을
풍부하게 제시할 수 있다

Neoliberal Perfectionism
— Chris Kaposy

신자유주의적 완벽주의
— 크리스 캐포지

머브 엠리는 자신의 글에서 '신자유주의'라는 용어를 사용하지 않았지만, 신자유주의가 우리의 재생산 선택에 미치는 영향을 매우 실감 나게 짚어냈다. 나는 신자유주의를 '작은 정부', 규제완화 이념, 자유방임 경제, 낮은 세금, 사회복지 프로그램의 폐지, 사회경제적 불평등, 공적 자원의 사유화, 관영 사회조직의 부재라는 의미로 사용한다. 신자유주의가 우리의 재생산 선택에 영향을 미치는 최악의 방식들 중 하나는 우리가 이용할 수 있는 재생산 선택권들에 신자유주의의 정치적·경제적 명령을 담으려 애쓰고, 그 과정에서 우리가 가장 중요하게 여기는 가치들을 뒤엎는다는 것이다.

신자유주의 정치가 재생산 선택에 영향을 미칠 수 있는 가장 분명한 방식 중 하나는 바로 출산했을 때 유급 휴가를 주지 않는 것과 직장에 복귀할 때 일자리를 보장하지 않는 것이다. 다른 부유한 국가들과 달리 미국에서는 유급 육아 휴가가 민영화되어 있다. 이런 특전을 제공할 의사가 있는 고용주와 일하는 사람만이 혜택을 볼 수 있는 것이다. 육아 휴가와 고용 보호가 없다면 노동자는 경력이 자리 잡힐 때까지, 또는 출산 후 처음 몇 달이나 몇 년 동안 휴가를 내고 아이를 키울 만큼 돈을 모을 때까지 출산을 미루고 싶을 것이다.

엠리가 S의 사례로 보여준 사회정의의 실리콘밸리 버전은 난소 자극, 난자 채취, 난자 동결, 착상 전 유전자 진단(preimplantation genetic diagnosis, PGD), 체외수정 같은 재생산의 기술화로 부모가 되는 것을 연기한다. 보조재생산기술의 개입과 고용주가 난자 동결 비용 및 육아 휴가를 제공하는 복지 정책은 임신과 출산을 소비자가 재생산 건강 기술자 및 꼼꼼한 인사 담당자와 수행하는 일련의 처리 과정으로 바꿀 수 있다.

엠리는 의학적 도움을 받는 재생산을 이용하고 계약하는 여성들의 이야기에 초점을 맞추었고, 이 과정에 관여하는 사회적으로 더 혜택받지 못하는 사람들에 대해서는 이야기하지 않는다. 기술화된 재생산 사업의 동력은 신자유주의 정치가 조성한 불평등에서 나온다. 예를 들어, 난자 공여자는 난임인 사람이 체외수정에 사용할 수 있도록 돈을 받고 난소 자극과 난자 채취 시술을 받는데, 공여자 대부분이 젊은 여성이다. 그들은 그 불쾌하고 위험한 절차를 밟겠다는 마음이 들 만큼 경제적으로 어려운 경우가 많다. 다시 말해 난자 공여 시장이 존재하기

크리스 캐포지

위해서는 적정 수준의 경제적 불평등이 필요하다. 프랑수아즈 베일리스 같은 페미니스트 생명윤리학자들은 의학적 도움을 받는 재생산을 위해 난자 공여자를 착취해서는 안 된다고 경고한다. 난자 공여 여성에게 가해지는 위험은 체외수정에 관한 윤리적 논쟁에서 종종 간과된다. 공여에 대한 낮은 보수가 문제가 되는 것은 건강상의 위험과 가난한 여성의 절박감을 이용한다는 우려 때문이다. 하지만 과도한 보수 역시 지나친 유인책이라는 점에서 문제가 될 소지가 다분하다.

의학적 도움을 받는 일부 재생산 방식에 참여하는 대리모가 되는 데에도 경제적 불평등이 작용한다. 미국의 한 대행사는 대리모에게 3만 5,000~4만 달러를 상환해준다고 광고한다(배아 이식 시술을 위한 기타 수수료와 임부복 등의 비용과 함께). 부모가 되고 싶은 사람들이 최종적으로 지불하는 비용은 대행 수수료, 법무 관련 수수료, 기타 비용 때문에 그보다 훨씬 높다. 더 저렴한 대리모를 찾는 서구의 부모들은 인도, 태국 등지에 상업적 대리모 산업을 창출해왔다. 이런 국가들에서는 대리모 보수에 마음이 동하는, 위태로운 경제 상태에 놓인 여성들을 착취할 가능성이 분명히 존재한다.

더 깊이 들어가면, 재생산의 기술화는 신자유주의적 세계관과 일치하는 장애인 차별주의적 완벽주의 규범을 조장한다. 예를 들어, 부모가 되고 싶은 사람은 종종 완벽에 대한 특정한 문화적 이상의 전형이 되는 난자 공여자를 찾는다. 그리하여 대행사는 아이비리그 학생인 공여자를 찾는 광고를 낸다. 유전된다고

신자유주의적 완벽주의

생각되는 바람직한 특성—지능, 운동신경, 음악적 재능—을 갖춘 잠재 공여자들은 웃돈을 약속받아 때로는 보수가 10만 달러를 웃돌기도 한다. 이런 관행에서 알 수 있는 점은 부모가 되고 싶어 하는 사람들이 자기 자식이 엘리트 계층에 포함되길 바란다는 것, 우리의 현재 경제 시스템이 설정한 전통적 기준에 따라 성공을 거두길 바란다는 것이다. 이런 시스템에서 하버드나 예일 대학교 학생이 되면 계층의 꼭대기에 자리하게 되고 경제적 성공 가능성은 그만큼 높아진다. 엘리트 생식세포에서 태어난 아이가 이 성공을 복제할 수 있길 희망하는 것이다.

하지만 자신의 생식세포를 사용할 때도 장애인 차별주의가 문제가 된다. 엠리는 이식에 앞서 자신의 배아를 유전학적으로 검사하면서도 이 검사에 내재된 장애인 차별주의로 고민하는 N과 K의 이야기를 들려준다. 오늘날 이러한 유선사 검사는 보조재생산기술을 사용하지 않은 임신의 경우에도 널리 퍼져 있고, 대부분의 예비 부모는 검사 결과, 예를 들어 다운증후군일 가능성이 높다는 말을 들으면 임신 중절을 선택한다. 나는 『다운증후군 선택하기』(Choosing Down Syndrome)를 통해, 태아가 다운증후군이 있음을 확인한 뒤 임신 중절을 결정하는 중요한 동기 가운데 하나는 다운증후군를 가지고 태어난 아이는 비장애 아이에 비해 충분한 경제적 기회를 제공받지 못할 것이라는 생각이라고 주장했다. 산전 검사와 선택적 임신 중절에 대한 다른 이유들은 앞뒤가 맞지 않는다. 다운증후군을 가진 사람은 자신의 삶을 충분히 즐기고 그 가족 역시 다른 가족과 마찬가지로

크리스 캐포지

안정되고 제 역할을 하며 사는 편이다. 물론 다운증후군을 가진 사람이 특정 형태의 공적 지원이 없는 취업시장에 들어가기는 힘들 수 있다. 내 생각에 우리가 아이들에게 부과하는 완벽주의는 우리의 삶을 이끄는 일련의 전통적 가치를 복제하는 아이를 원하는 뿌리 깊은 욕구에서 나오며, 우리의 경제 시스템은 이런 가치들에 지대한 영향을 미친다.

엠리의 글에서 N과 K가 배아들의 유전자 검사를 한 것은 이런 이유 때문이 아니었다. 두 사람이 검사를 한 것은 어떤 배아가 정상 출산(live birth, 임신 주수에 관계없이 임신의 결과로서 어머니에게서 완전히 나오거나 꺼내졌을 때 탯줄을 잘랐든 태반이 붙어 있든지 간에 출생아가 자력으로 근육을 움직이고 심장이 뛰는 등 살아 있다는 어떤 증거를 보이거나 숨을 쉬는 상태를 말한다.—편집자 주)을 할 가능성이 가장 높은지 알고 싶었기 때문이다. 따라서 체외수정을 하는 어떤 사람에게도 배아의 유전자를 검사한다고 나무랄 수는 없다. 하지만 의학적 도움을 받는 재생산의 논리가 장애아 출산에 어떻게 불리하게 작용하는지에 주목하라. 일단 다운증후군 같은 질환을 가진 아이의 출산을 피하게 해주는 PGD 같은 검사가 존재하면 검사는 필수가 된다. 재생산을 통제하는 기술인 체외수정은 아이의 유전체까지 통제할 것을 요구한다.

장애가 나타날 수 있는 상태가 정상 출산의 가능성을 감소시킨다는 사실은 유전자 검사를 합리화하는 좋은 명분이지만, 그 명분의 합리성 자체가 '필요'라는 허울에 기여한다.

신자유주의적 완벽주의

보조재생산기술 없이 임신을 하고 산전 검사를 거부하는 사람은 아이에게 유전적 장애가 있을 가능성을 기꺼이 받아들이고 유산의 가능성을 떠안는 것이다. 그런 선택은 체외수정을 통해 기술화된 임신이 의도하는 결과와 완전히 반대되고, 따라서 고려될 가능성조차 없다.

의학적 도움을 받는 재생산이 페미니즘의 목표에 기여한다는 견해는 젠더와 인종, 계층, 섹슈얼리티, 장애, 그 밖의 억압 요소와의 교집합은 고려하지 않은 채 페미니즘을 안일하게 이해하는 사람에게서나 나올 수 있다. 엠리의 글이 인상적인 것은 의학적 도움을 받는 재생산을 하려는 누구에라도 기다리고 있는 잠재적 고통을 보여주기 때문이다.

　　　　　　　　크리스 캐포지

Be Wary of the Techno-fix
— Marcy Darnovsky

기술적 해결책을 조심하라
—마시 다노브스키

머브 엠리는 "모든 재생산은 도움을 받는다"라고 단언했다.
어느 세대에 속하든 페미니스트라면 이 말에 동의할 것이다.
하지만 우리 중 누구도 혼자 힘으로는 불가능하다는 말이
확실하다면 엠리가 말한 다른 일부 제안들 때문에 그녀의
주장이 흔들리게 된다. 엠리는 공세를 시작하면서 재생산 기술에
대한 50년에 걸친 페미니스트들의 사고를 가볍게 건너뛰며
지나간다. 슐라미스 파이어스톤에서 에이드리엔 리치를 거쳐
제노페미니즘(xenofeminism)까지 건너뛰면서 도나 해러웨이의
「사이보그 선언문」에서 잠깐 멈췄을 뿐이다. 그러다 현대의 재생산
문화를 진단하며 "자연적인 것에 대한 담론"이 침투했다고 말한다.
엠리는 이런 상황에 대해 현대 페미니즘을 비난하면서 최첨단
재생산에 관해 충분히 열성적이지 않았고 "재생산과 관련해 어떤

대안 전략들이 가능한지 충분히 설명하지 못해왔다"고 단언한다.

이것은 정말로 오늘날의 페미니즘에 대한 온당한 비판인가? 대부분의 페미니스트는 자연적인 것에 대한 지나치게 단순한 호소가 젠더 불평등과 억압을 포함해 무엇이든 정당화할 수 있다는 것을 오래전부터 알고 있었다. 또한 '자연'과 '기술'에 관한 문제들에 아직 합의를 이루지는 못했지만, 최근에 '자연적인 것'이라는 고지식한 개념에 의지하는 페미니즘 이론이나 실천은 거의 없다. 21세기에는 아침 식사용 시리얼, 화장품, 임산부 비타민의 마케팅 담당자 ─ 페미니스트가 아니라 ─ 가 자연주의 오류의 주된 공급자이다.

엠리의 글은 네 개의 짤막한 사례로 구성되어 있다. 그녀는 가족을 이루려는 노력에 다양한 기술석 절차가 수반되는 사람들의 이야기를 연민을 담아 어느 정도 상세하게 서술했다. 그중 대부분의 사람이 재생산을 추진하는 과정에서 차별을 당했고, 그 어떤 기술로부터도 썩 괜찮은 효과를 보지 못했다. 엠리는 사례들에 초점을 맞추면서 기술적 도움을 받은 재생산이 불러오는 골치 아픈 문제들이 이론만으로는 해결될 수 없음을 인정하는 것처럼 보인다. 나 역시 그렇게 생각한다.

유감스럽게도, 해방을 불러오는 재생산 기술의 힘에 대한 엠리의 의지는 불만족스러운 결말을 직접 언급하면서도 흔들리지 않는다. 재생산 기술이 아기가 아니라 실망(어떤 경우에는 물리적·정서저 피해)을 안겨주는 여러 가지 예가 있음에도 불구하고

마시 다노브스키

엠리는 무언가가 잘못되었을 수 있다는 데에는 이상하리만치 관심이 없다. 굳이 언급하지는 않았지만, 아마도 엠리는 언젠가 기술이 좀 더 개선되면 우리를 자유롭게 해줄 것이라고 믿고 있을 수도 있다. 엠리가 결론 부분에서 "여성들 사이의 거대한 구조적 불평등"을 해결해야 할 필요성을 언급한 것은 적절하다. 하지만 그녀가 이끌어낸 것처럼 보이는 주된 교훈은 해방이 '자연적인 것'에 대한 경멸과 기술적인 것에 대한 경의에 있다는 것이다.

엠리가 처음 두 사례의 중심을 이루는 난자 채취 문제를 어떻게 다루었는지 잠깐 살펴보자. 여성들은 바로 임신하려고 노력하든, 다른 누군가에게 난자를 판매하든, 혹은 (지난 몇 년간 간 증가해온 경우인데) 나중에 사용하려고 난자를 냉동하든 종종 대체로 힘든 침습적 시술을 받는다. 자신의 난자를 이용해 아이를 낳을 계획인 B는 난소과잉자극증후군을 겪는다. 진을 빼는 통증과 "심장마비가 생길까 봐 걱정될 정도로 심장이 빨리 뛰는" 증상 등이 나타나는 증후군이다. 엠리는 이런 점을 모두 이야기하면서도 이 증후군이 얼마나 자주 나타나는지, 얼마나 위험한지, 혹은 다양한 상황에서 난자 채취의 위험과 이득을 따져보는 게 어떤 의미인지 묻지 않는다.

직원들의 난자 동결 비용을 부담하는 생명공학 회사에서 일하는 S를 소개하면서, 이 정책이 "계급 차별적이고 반페미니즘적 정책이라는 점에서, 과학적 토대가 조잡하다는 점에서, 어머니가 되는 자연스러운 시기에 대한 단편적인 반대라는 점에서(강조는 필자)" 페미니스트들의 비판이 있었다고 간단하게만 언급했다.

기술적 해결책을
조심하라

우리는 어머니 되기와 관련해 '자연적인 것'에 대한 엠리의 반감을 이미 알고 있는 데다, 다른 우려에 대해서는 더 이상 언급하지 않았기 때문에 그녀가 이 중 어떤 이유도 타당하지 않다고 암시했음을 알 수 있다. 엠리는 열다섯 개의 난자가 "자본주의적 경쟁과 사회정의의 실리콘밸리식 결합이 낳은 행복한 산물"이라는 S의 생각을 전할 때 아무 코멘트도 하지 않았고, S가 자신의 난자들을 "보험 증서"라고 부른다고 쓸 때도 이 말이 수십억 달러 규모에 이르는 인공수정 산업의 마케팅 문구라고 언급하지 않았다. 인공수정 산업은 난자 동결 기술이 특별히 난임 문제가 없는 여성들까지 새로운 대규모 고객 기반으로 만들어준 것을 당연히 기뻐한다.

엠리는 재생산 기술에 대한 접근성의 불평등을 비판하면서, 그러한 격차의 원인은 개인이 부담하는 경비 또는 LGBTQ에 대한 차별에 있다고 적시했다. 하지만 접근성과 적정한 비용이 유일한 문제는 아니다. 그녀가 제시한 사례들의 행복하지 않은 결말에도 불구하고 엠리는 안전과 효과성, 윤리와 관련해 복잡하게 얽힌 골치 아픈 문제 전체를 어렵사리 피해 간다. 여기에는 지난 40년 동안 수십만 명의 여성이 견뎌왔지만 아직 난자 채취가 건강에 미치는 위험이 제대로 인식되지 않고 관련 연구가 심하게 부족한 점, 제삼자인 난자 제공자와 대리모가 포함된 의학의 도움을 받는 재생산 방식에서, 특히 국경을 넘을 경우 뚜렷하게 나타나는 힘의 불균형, 장밋빛 마케팅이 초래한 체외수정 실패 빈도에 대한 광범위한 오해, 의학적 도움을 받는 재생산의 위험과 비용을

마시 다노브스키

높이는, 수익성 좋은 인공수정 사업의 상업적 역학 등이 포함된다.

최첨단 재생산에 대한 엠리의 열정은 그녀가 제시하는 증거들보다 허수아비 페미니스트의 '자연적인 것' 책략에 대한 반감과 더 관련 있는 것처럼 보인다. 이론적 언급에도 불구하고 엠리는 현재 페미니즘 이론과 사회 이론에 널리 퍼져 있고 많은 진보적 실천에 암시된 과학과 기술의 정치에 관한 기본적인 통찰을 건너뛴다. 즉, '자연'과 '기술'이 서로 불가피하게 얽혀 있으며, 권력관계와 사회구조, 정치적 역학을 반영하고 이것들에 의해 형성된다는 점을 고려하지 않는다.

의학적 도움을 받는 재생산을 접한 사람들 또는 이런 재생산 방식의 도움을 받아 태어난 사람들에게는 이 권리를 얻는 데 많은 것이 달려 있다. 그리고 우리 모두의 이해관계가 훨씬 더 커지려 하고 있다. 현재 우리는 의학적 도움을 받는 재생산과, 미래의 아이들과 후세대에 전해지는 유전자와 형질을 통제하는 크리스퍼(CRISPR) 같은 유전자 편집 도구를 결합시키는 가능성을 둘러싼 전 세계적인 열띤 논쟁의 한가운데에 있다. 생식세포 유전자 편집 기술을 사용할 수 있게 되면 체외수정이 그 기술적·상업적·이념적 플랫폼 역할을 할 것이다.

생식세포 유전자 편집의 옹호자들은 유전병을 물려줄 위험이 있는 사람이 그 질병의 영향을 받지 않고 이성애자 커플의 두 사람 모두와 유전적으로 연관된 아이를 낳을 수 있는 방법이라고 정당화한다. 하지만 이 주장은 아무리 좋게 보려 해도 근거가 빈약하다. 수십 년 동안 이용할 수 있었던 태아 검사 절차가 동일한

기술적 해결책을
조심하라

결과로 가는 더 안전한 대체 수단을 제공하기 때문이다. 반면, 생식세포 유전자 조작이 사회에 불러올 수 있는 결과는 대단히 심각하다. 어떤 이유로 허용되든 이 기술은 거의 분명히 '인간 개선'(human enhancement)을 위해 채택될 것이다. 또한 부유한 고객에게 유전자를 업그레이드시킬 것을 광고하는 인공수정 병원들과, 유전자가 조작되어 태어난 아이들이 생물학적 변화로 인해 생리적 차이가 나타났든 그렇지 않든 그저 우월하다고 대우받는 상황을 너무도 쉽게 그려볼 수 있다. 그리고 그리 멀지 않아 공상과학 영화 「가타카」(Gattaca)에 나오는 디스토피아 세계가 실제 우리가 사는 세상을 장악할 수도 있다. 이미 존재하는 차별과 불평등 위에 새로운 형태의 차별과 불평등이 겹겹이 쌓인, 유전적으로 '가진 자'와 '가지지 않은 자'의 사회가 되는 것이다.

이런 이유와 그 밖의 관련 이유들로, 생식세포 유선자 편집은 현재 40여 개국과 법적 구속력이 있는 유럽회의 조약에서 금지되어 있다. 하지만 크리스퍼 개발 이후 이 기술을 허용하자는 지지자들이 점차 활발한 활동을 펼치고 있다. 어떤 사람들은 이 기술의 사용을 몇몇 상황으로 제한할 필요가 있다고 생각하고, 어떤 사람들은 유전적으로 개선된 인간을 만들기 위한 전면적인 노력을 비판 없이 받아들인다. 사회에 미치는 결과에 관한 우려는 '자연적인 것'을 거부하자는 엠리의 요구와 비슷한 주장들에 의해 희미해진다.

현재 시행되는 의학적 도움을 받는 재생산의 함정들과 앞으로 놓이게 될 위험은 새로운 재생산 기술, 특히 수익이라는

마시 다노브스키

동기로 개발된 기술을 대할 때 주의를 기울이라고 조언한다. 자연에 대한 고지식한 호소 못지않게 기술적 해결책에 대해서도 여러모로 조심해야 하는 것은 분명해 보인다. 우리 시대에 맞는 어떤 생물정치학—그리고 어떤 해방적 페미니즘—이라도 반드시 여기에서부터 출발해야 한다.

기술적 해결책을
조심하라

Suspending (Feminist) Judgment
— Irina Aristarkhova

(페미니즘적) 판단을 유예하기
— 이리나 아리스타흐호바

머브 엠리의 프로젝트는 "특정한 사람들의 재생산 및 육아 경험을"
페미니즘 지지의 중심에 두려고 하고, 그렇게 함으로써 우리가
"시간, 돈, 친족관계, 의료, 법적 보호, 신체 완전성의 거대한 구조적
불평등"의 해결에 더 가까이 다가가길 기대한다. 이런 접근에
나도 끼워주기 바란다! 하지만 글 후반에 엠리는 "사람의 몸은
정치적으로 통제하기 힘든 곳"라고 언급하여 자신의 시각을
복잡하게 만든다. 이게 문제다. 악마는 언제나 세부적인 곳에 숨어
있는 법이다.

  엠리의 글은 개인적인 것이 항상 정치적인 것을 이긴다는
것을 훌륭하게 보여준다. 그녀는 '실제' 감정을 가진 '실제'
사람들을 접하면서 우리가 어떤(페미니즘적인 또는 그 외의)
판단이라도 유예하길 바란다. 몸 같은 사적인 부분은 정치적으로

69

통제하기 힘들기 때문이다. "이 다른 유형의 사랑의 가능성을
위해서라면 뭐든 할 것 같다"는 B의 말처럼 말이다. 실제로
심오하고 통제하기 어려운 개인적 욕구가 관련된 경우, 우리는
마땅히 해야 한다고 생각하는 정치적 선택에 따라 행동하는
경우가 드물다. 삶이란 더 복잡한 법이다. 이것을 위선이라고 부를
수도 있지만 엠리는 더욱 공감 가는 그림을 제시했다. 이 그림이
내게 와닿은 것은 그녀의 포용적 페미니즘을 복잡하게 만들
위험이 있음에도 취약성에 스스로를 드러내기 때문이다. 나는
엠리가 시작한 논의를 두 방향으로 확대하려 한다.

첫째, 엠리가 소개한 네 개의 사례는 보조재생산기술과
관련된 공공 정책 및 의료 정책에 관한 새로운 질문들에 주목하게
한다. 엠리의 연구 대상인 S는 실리콘밸리의 한 회사에서 일하고
있다. 이 회사는 의료복지 혜택의 일환으로 난자를 채취해 동결할
기회를 제한적으로 보장해준다. 34세인 S는 이 '시술'을 미래의
출산 선택을 위한 '보험'으로 생각한다. 다음 연구 대상인 B는
24세의 작가이자 대학 강사로, 다양한 보조재생산 시술을 받고
실패를 견딘다. 실직 상태의 독신 여성인 그녀는 사회적 혜택을
받지 못하는 처지다. 새로운 고용주가 직원들에게 1년을 근무해야
유급 출산 휴가를 준다는 사실도 그중 하나다. B가 재생산 연령을
기준으로 '고령'이라는 사실은 그녀가 현재의 선택지들을 놓고
끊임없이 고민하고 있음을 의미한다.

B가 처한 상황은 S가 피하고 싶은 상황이다. B가 생존 가능한
배아나 난자 혹은 체외 생식세포(in vitro gametes, 최근 동물

(페미니즘적)
판단을 유예하기

실험에 성공하여 떠오르고 있는 새로운 보조재생산기술)를
냉동해 두면 유전적으로 '자신과' 연관된 아이를 갖기 위해 나이를
걱정할 필요가 없어질 것이다. 보조재생산기술은 임신 및 출산
적령기라는 개념을 밀어냈다. 그리고 지금은 여성의 재생산 시술에
연령 제한을 두어야 하는지에 관한 문제를 두고 대중은 말할
것도 없고, 페미니스트와 생명윤리학자 사이에 논쟁이 격렬해지고
있다. 어떤 사람들은 왜 임의적인 완경기 이전의 나이로 제한해야
하는지 묻는다. 자궁 없이 태어나 완경기 이전 상태가 될 기회조차
없는 여성의 경우는 어떻게 되는가? 트랜스젠더 의학 전문가인
오스트레일리아의 윌리엄 A. W. 월터스는 슐라미스 파이어스톤과
맥을 같이 하며, "대리모를 고용해야 하는 불임 여성"을 위해 체외
발생(인공 자궁)과 자궁 이식(가능해졌을 때)을 지지한다.

보조재생산기술의 연령 제한을 찬성하는 주장은 대개
인간 생명 주기의 '본질'(nature)이라는 개념을 중심으로 생명윤리
문헌에서 제시된다. 기술의 윤리성에 초점을 맞추는 철학자 로버트
스패로우는 "완경기 이후에 임신을 할 수 없다고 이를 불임이라
여기지는 않는다. 따라서 재생산의 자유가 정상적인 완경을 겪은
뒤에 임신을 할 여성의 권리로 확장되지는 않는다고 주장할 수
있다"고 제시한다.

이 주장은 접근권과 관련된 나의 두 번째 요점으로 이어진다.
엠리가 생식 조직(tissue)을 추출해 냉동할 수 있는 선택권이
S에게는 "자본주의적 경쟁과 사회정의의 실리콘밸리식 결합이
낳은 행복한 산물"이라고 썼을 때, 이 문구는 문제적이면서도

이리나 아리스타흐호바

도발적이다. 최신 보조재생산기술에 대한 접근성을 이야기하기 위해 "사회정의"라는 표현을 사용하면, 기본적인 '선택권'이나 우수한 무료 산전 관리 및 보육 서비스 이용을 위해 싸우는 잠재적 동지들을 소외시킬 위험이 있다.

엠리가 제시한 사례들에서 서로 다른 유형의 사람들이 보조재생산기술에 접근하는 다양한 수준 역시 차츰 평평해진다. B가 안고 있는 난제는 S와는 매우 다르다. 하지만 두 사람의 서로 다른 분투는 감정이 이입된 수사가 덧붙여지면서 '아이를 가질 권리'라는 더 큰 이론적 우산 아래에서 동질화되는 것처럼 보인다. 이 수사는 그 순간에는 적절하게 보편적이지만 내게는 왠지 부족하게 느껴진다.

나는 1999년에 사이버 페미니스트 예술 단체인 '서브로사' (subRosa)가 진행한 예술 프로젝트 '그녀가 했을까, 안 했을까?(한 다스씩 사면 더 싸요)'(Does She or Doesn't She?[Cheaper by the Dozen])를 떠올렸다. 카네기 멜론 대학교 교정에서 공연된 이 프로젝트는 대학생들이 학비를 벌기 위해(S처럼 개인적 '보험'으로서가 아니라) 난자 공여를 많이 한다는 사실에 관심을 두었다. 금발에 푸른 눈을 가진 백인 학생은 더 많은 돈을 받는다. 보조재생산기술 고객들이 이들의 난자에 더 많은 돈을 제시하기 때문이다.

미샤 카르데나스는 바이오아트 프로젝트 「임신」 중 엠리가 인용하지 않은 부분에서 구체적으로 자신을 "이민자 아버지가 딸이 대학을 나올 거라고 확신했던 밝은색 피부의 라틴계

72

여자"라고 묘사하면서 이런 특혜 문제를 제기한다. 그녀는 "나는 캘리포니아에서 트랜스젠더 여성 내분비학자와 트랜스젠더 여성 외과의를 접했어"라고 글을 이었다. 이들의 삶은 반트랜스젠더 폭력 때문에 "자신들의 꿈을 실현할 정도로 오래 살기" 힘든 유색 트랜스젠더 여성들의 삶과는 달랐다.

남아프리카 공화국의 사진가 자넬레 무홀리는 퀴어, 레즈비언, 트랜스젠더 친구들을 담은 아름다운 대형 인물사진에서 카르데나스의 주장을 증명한다. 이들의 얼굴은 엠리가 지지하는 유형의 페미니스트 연대가 주목해야 하는 차이를 이야기한다.

엠리의 글은 각자가 속한 특정 학과의 입장과 여러 학문 분야에 걸친 관점에서 보조재생산기술에 어떻게 대응해야 하는가라는 점점 더 시사성을 띠는 중요한 문제와 맞물린다. 페미니즘 연구에서 이것은 많이 다루어진 영역으로, 그중에서도 특히 수전 메릴 스콰이어의 『병 속의 아이들: 21세기의 생식 기술 전망』(*Babies in Bottles: Twentieth-Century Visions of Reproductive Technologies*)을 대표적 예로 들 수 있다. 하지만 더 최근에 나온 연구들, 특히 개인의 생생한 경험을 바탕으로 한 이야기를 활용한 연구는 항상 환영이다.

이리나 아리스타흐호바

Feminist Paradoxes
—Diane Tober

페미니즘의 역설
— 다이앤 토버

머브 엠리는 인간 재생산의 영역에서 '자연적인 것'이라는 개념을 거부한다. 또 최대로 포용적인 페미니즘 연대를 위해 젠더 이분법을 넘어 인간의 재생산 경험을 확장된 방식—비혼, 동성 커플, 트랜스젠더, 비관행적 젠더를 포함하는 방식—으로 생각하라고 독자들을 자극한다.

'자연적인 것'에 대한 거부가 아주 새로운 것은 아니지만, 나는 이런 작업에 감사한다. 실비아 야나기사코, 제인 콜리어 같은 페미니스트 인류학자들은 '자연적 성별', '젠더 이분법', 남성과 여성의 '자연적인' 재생산 역할이라는 개념을 오랫동안 비판해왔다. 그러나 엠리가 단언한 "모든 재생산은 도움을 받는다"라는 말은 '자연적'이라는 광범위한 용어가 의미할 수 있는 것들을 불필요하게 제한할 수도 있다. 예를 들어, 누군가는 레즈비언 커플이나 애인이

74

없는 비혼 여성이 정자를 공여받아 임신하는 것은 **자연스럽다**고 주장할 수도 있다. 내가 인터뷰했던 한 여성이 "물론 우리는 공여된 정자를 이용했어요. 그렇게 하지 않으면 레즈비언이 어떻게 임신을 하겠어요?"라고 되물었던 것처럼 말이다. 마찬가지로, 임신이 어려운 사람이 무엇이 되었든 간에 아이를 낳는 데 도움이 되는 기술을 찾는 것도 **자연스러운** 일이다. 트랜스젠더 여성이 자신의 성 정체성에 맞는 몸을 갖길 원하는 것도, 혼자서든 또는 애인과 함께든 자신의 생식세포로 아이를 낳기 위해 호르몬제를 끊는 것도 **자연스럽다.** 누구든 아이를 낳고 싶어 하는 사람이 가능한 모든 혜택을 이용하는 것보다 **자연스러운** 일은 아마 없을 것이다. 그토록 많은 인공수정 지원자가 점점 늘어가는 기술적 개입이라는 토끼 굴로 굴러 떨어지는 건 분명 이 때문이다.

　자연적인 것이라는 개념의 틀을 다시 짜는 것이 어쩌면 시작일 수 있다. 하지만 내 안의 인류학자는 이런 접근 방식에 만족하지 못한다. 그렇게 하면 '자연적'이라는 것이 여전히 본질적으로 느껴지기 때문이다. '도움을 받는' 또는 '자연스러운'의 확대된 개념으로 우리의 시야를 제한하지 않고 최대로 포용적인 페미니스트 연대를 이루기 위해서는 둘 다를 버리는 것이 더 나을 수도 있다. 도움을 받는/자연적인이라는 이분법은 시대에 뒤진 이항대립 개념에 갇혀 있다.

　페미니스트의 미래를 그려보는 것과 더 관련 있는 질문들은 다음과 같다.

　재생산기술의 사용이 사회적 기준과 낙인을 어떻게 강화하거나

　　　　　다이앤 토버

뒤집는가? 재생산기술이 가족의 새로운 공식으로 이어질까? 모든 가족을 위한 재생산 정의에 대한 우리의 비전이 난자나 자궁을 제공하는 제삼자들, 경제적 어려움 때문에 의학적 위험에 자신을 노출하고 자신의 재생산 노동으로 태어난 아이와 결국 떨어져야 하는 사람들의 복지를 어떻게 설명할까?

『정자와 연애하다: 변화하는 생물정치학과 현대 가족의 형성』(*Romancing the Sperm: Shifting Biopolitics and the Making of Modern Families*)에서 나는 원래 결혼한 이성애 커플을 대상으로 했던 새로운 재생산기술들이 어떻게 가족의 의미와 가족이 형성되는 방법에 혁신적인 변화를 불러왔는지 살펴보았다. 1990년대에 처음 연구를 시작했을 때 나는 비혼 여성들과 레즈비언 커플들이 공여된 정자와 재생산 시술에 어떻게 접근하는지에 관심이 있었다. 당시에는 비혼 여성들이 이런 치료를 받으려 하면 종종 거부되곤 했다. 내가 인터뷰했던 많은 사람은 정자 공여로 아이를 임신하겠다는 결정 — 혼자서든, 여성 파트너와 함께든 — 이 정치적·사회적으로 전복적이면서도 '자연스러운' 욕구를 충족하는 것으로 인식했다.

미래의 아이를 위한 유전 물질을 선택하는 과정에서는 우리가 다른 경우에는 대부분 불편하다고 생각했을 민족, 인종, 국적, 그 외의 많은 요인을 고려한다. 개인들은 공여자를 선택하는 데 영향을 미치는, 유전학과 사회적 가치에 대한 저마다의 신념이 있다. 나는 이러한 일련의 편견을 '풀뿌리 우생학'(grassroots eugenics)이라고 부른다. 예를 들어, 내가 인터뷰했던 한 레즈비언

페미니즘의 역설

커플은 독일 혈통의 정자 공여자는 피하기로 결정했다. 조상이 나치 독일과 연관되었을 수 있는 아이는 갖고 싶지 않다는 것이 그 이유였다. 두 사람은 결국 커피를 많이 마시고 야구를 하는 게 취미인 한 의대생을 선택했다. 왠지 연을 맺어도 되는 사람처럼 보였기 때문이다. 이것은 두 사람이 만들고 싶고 살고 싶은 유형의 사람, 공동체, 세계에 관한 개인적 가치에 뿌리를 둔 조금은 특이한 선택이었다. '풀뿌리 우생학'은 가장 고결한 수준에서는 인종주의적, 성차별주의적, 계급 차별적 가부장제 모형에 맞서는 개인 차원의 재생산 반란으로 생각될 수 있다. 특히 이성애 중심의 공식에서 벗어나 가족을 이룬 사람들의 경우에 더욱 그러하다. 이런 맥락에서 공여자 선택은 생명정치학적 질서와 맞서지만, 논란이 없지는 않은 일종의 체화된 미시정치다.

내가 이 연구를 처음 시작한 이후 기술적 재생산과 가족 형성 분야에서는 많은 변화가 나타났다. 최근의 기술들은 새로운 선택권을 제공하지만, 엠리가 언급했듯이 여성의 삶을 분명하게 개선하는 기술은 드물다. 예를 들어, 난자 동결은 젊은 여성들에게 경력을 쌓다가 자신이 정한 시기에 재생산할 자유를 주는 방법이라고 제시된다. 그러나 **기업이 특전으로 제공하는** 난자 동결의 경우 그 주된 수혜자가 여성인지는 명확하지 않다. 실제로 그런 특전은 아이를 낳고 싶다는 여성의 소망보다 기업 쪽의 필요를 우선시하는 강요로 여겨질 수 있다. 새로운 기술은 새로운 가능성을 만들어내지만 이러한 페미니즘의 역설도 야기한다.

누군가가 얻은 새로운 자유는 종종 다른 누군가가 받는

다이앤 토버

새로운, 혹은 더 심한 억압을 희생양으로 삼기도 한다. 정자 공여자와 달리 난자 공여자와 대리모는 의학적 위험에 더 쉽게 노출된다. 예를 들어, 가장 최근에 내가 연구한 난자 공여자들 가운데 일부는 난자를 제공한 직접적인 결과로 심각한 합병증을 얻었다. 난자를 공여했던 사람이 나중에 불임을 겪기도 하는데, 예전에 다른 사람에게 돈을 받고 해주었던 일을 자신이 이용할 수 있는 경우는 매우 드물다. 바로 비용 때문이다. 생식세포 공여자와 대리모 역시 자신이 탄생을 도운 아이들에 대해 복잡한 감정을 느낀다. 또 어떤 사람들은 자신의 난자나 정자로 태어난 아이들을 만나길 간절히 원하지만 그럴 수 없다는 사실을 알기에 공여 후 수년 동안 후회에 젖어 살 수도 있다. 또 제삼의 제공자는 자신이 재생산 사업의 상품처럼 취급된다고 느낄 수도 있다. 신체의 일부가 다른 사람을 위해 쓰일 때의 결과를 이해하기 위해서는 그들의 목소리를 듣고, 또한 그들의 인간적인 감정을 보아야 한다.

나는 엠리가 가족을 만들고 싶은 모든 사람의 욕구를 수용하는 포용적 페미니즘의 미래를 요구한 것에 감사한다. 하지만 보수를 받고 재생산 기능을 제공해 그중 일부 가족이 활기를 찾도록 도와주는 제삼자들의 침묵이 마음에 걸린다. 포용적인 페미니즘의 미래와 모두를 위한 재생산 정의를 실현하려면 가족을 만들고 유지할 수 있는 모든 사람의 권리─성별, 인종, 계층 혹은 성적 지향과 상관없이─와 다른 사람들을 돕기 위해 또는 경제적 어려움 때문에 난자와 자궁을 제공한 여성의 건강 및 인권의 균형을 맞추어야 한다.

↵ # Selling Hope
— Miriam Zoll

희망을 팔다
— 미리암 졸

보조재생산기술은 이 기술을 둘러싼 인권과 윤리 논쟁만큼
다차원적이고 복잡하다. 나는 엠리가 이 초현실적인 의학 영역의
대상이 된다는 게 어떤 것인지 독자들이 엿볼 수 있게 해준
점을 높이 산다. 엠리가 언급했듯이, 페미니스트들—여성 건강
및 인권단체들뿐 아니라—은 1970년대부터 보조재생산기술을
맹렬하게 비판해왔다. '재생산 및 유전 공학에 저항하는 페미니스트
국제 네트워크' 같은 초기 단체는 사라졌지만, 대신 '유전학 및
사회 센터', '대리모를 당장 중단하라', '우리는 난자 공여자들' 같은
새로운 단체가 생겨났다.

　이런 저항에도 불구하고 오늘날 전 세계의 병원은 재생산에
문제가 있는 사람들에게 보조재생산기술을 적극적으로 홍보하고
판매한다. 보조재생산기술 서비스의 대다수가 안전하거나
효과적이지 못하다고 입증되고 종종 실패로 끝나는데도 말이다.

체외수정은 원래 나팔관이 막힌 여성의 임신을 도우려 개발되었지만, 지난 수십 년 동안 병원들은 이 시술과 여타 보조재생산시술의 제공 범위를 점점 더 넓혀왔다. 그러나 체외수정의 효과를 보여주는 증거는 제한적이다. 예를 들어, 2015년에 스페인의 한 연구는, 업계는 선택적 배아 동결을 권하지만 이 고가의 서비스가 아기를 낳을 가능성을 높여준다는 증거는 없다고 밝혔다.

비슷한 시기에 에모리 의대가 실시한 상당한 규모의 연구에 따르면, 세포질 내 정자 주입(intracytoplasmic sperm injection, ICSI) 시술이 지난 20년 동안 두 배 이상 증가했다. ICSI는 원래 정자 결함 같은 남성의 특정한 불임 문제를 치료하기 위해 개발되었다. 하지만 2015년도 조사에서는 남성이 불임이든 그렇지 않든 ICSI가 자주 채택되고 있으며, 남성이 불임이 아닌 경우 이 고가의 서비스가 출생률을 향상시키지 못한 것으로 나타났다.

자신의 난자를 냉동 혹은 판매하거나 대리모로 자궁을 '빌려줄' 젊고 건강한 여성을 모집하기 위해 업계가 사용하는 마케팅 전술에 자극받은 페미니스트와 생명윤리학자 들은 난자 동결과 대리모 산업이 가난한 여성의 재생산 노동을 착취하는 한편, 상대적으로 더 부유한 여성의 희망을 금전화하여 이득을 본다는 점을 지적했다. 하지만 이런 캠페인의 범위는 병원의 마케팅에 비하면 제한되어 있다. 병원은 환자가 구매하는 서비스의 안정성과 효과, 윤리적 영향을 대수롭지 않게 만드는 데 적극적이다. 유감스럽게도 이런 영향이 알려지지 않은 상태에서

의사는 환자에게 사실상 실험을 하고 있고, 종종 득보다 실이 많은 증명되지 않은 고가의 시술에 대한 청구서를 내민다.

이런 청구서를 받은 소비자 대부분은 성형 수술과 마찬가지로 수술비를 현금으로 지불하고, 따라서 보험이나 의사 추천 서비스에 의지하지 않는다. 그 때문에 비의학적으로 권고되는 보조재생산기술은 비교적 감독 체계가 느슨한 수상쩍은 세계다. 내가 직접 경험한 보조재생산기술을 바탕으로 쓴 『폭로: 자유, 생식력 그리고 최첨단 아기의 추구』(*Cracked Open: Liberty, Fertility and the Pursuit of High-Tech Babie*)에서 주장했듯이 보조재생산기술 서비스를 이용하고 싶은 사람은 누구든 그 시술이 자신이나 태어날 아이에게 미칠 수 있는 잠재적인 도움과 정서적 트라우마를 포함한 부작용 전반에 관한 정보를 제공받을 권리가 주어져야 한다. 엠리가 제시한 민속지적인 사례들은 이러한 고지에 의한 동의가 업계의 표준이 아니며, 더 효과적인 규제가 필요하다는 점을 보여준다. 다음 부분에서는 이 기술들과 관련된 고통스러운 사실 — 많은 병원이 고객에게 거의 공유하지 않는 것 — 을 중점적으로 다루어보겠다.

엠리는 생물학적 어머니가 되기 위해 자신의 난자를 냉동하기로 결정한 34세의 미혼 여성 S를 소개했다. 2012년, 미국재생산의학회는 난모세포 동결 보존 기술에서 소위 '실험적'이라는 딱지를 뗐다. 그때까지 난자 동결은 심각한 병에 걸려 생식력을 손상할 가능성이 있는 치료를 앞둔 여성에게만 권고되었다. 학회가 난자 동결을 정식 치료법으로 인정하자마자 거의 바로 수십 개의 병원이 이 시술이 피임약에 맞먹는 재생산 혁명이라고 주장하면서 S 같은 젊고 **건강한** 여성들에게 적극적인 마케팅을 시작했다.

자신의 생식력에 대한 걱정과 생물학적 어머니가 될 기회를 보호하기 위해 **무언가** 해야 한다는 새로운 문화적 압박에 휩쓸린 S는 난자 동결이 특효약이라고 생각하며 낙관적인 생각으로 이 배에 올라탔다. 하지만 공식 기록들을 보면 2016년에 영국에서 난자를 해동해 정상 출산을 한 경우는 겨우 19퍼센트에 불과했다. 게다가 강력한 호르몬제에 노출된 여성의 건강에 관한 장기적 연구의 부족은 액체 질소로 냉동한 난자가 영아의 건강에 미칠 수 있는 영향에 초점을 맞춘 연구의 부재 못지않은 위험 경보였다. 데이터의 부재가 안전의 증거는 아닌 것이다.

엠리의 또 다른 연구 대상인 B는 34세의 독신 대학 강사로, 인공수정을 했지만 유산한 경험이 있다. 상심한 그녀는 체외수정을 시도했다가 복부가 액체로 가득 차고 난소가 자몽만큼 커질 수 있는 난소과잉자극증후군에 걸릴 뻔했다. 의사에 따라서는 종종 환자나 소위 난자 공여자에게 지나치게 많은 수의 난자를 생성하는 호르몬제를 맞는 데 동의하라고 권하는데, 이렇게 호르몬제를 맞을 경우 난소과잉자극증후군에 걸릴 위험이 있다. 난소는 매달 한 개씩 난자를 생성하는데 병원은 한 번에 스무 개에서 서른 개의 난자를 채취하는 경우가 드물지 않기 때문이다.

체외수정 과정에서 B는 생존 가능한 세 개의 배아에 대해 어머니로서 애착이 높아져 배아들을 "딸 둘, 아들 하나"라고

희망을 팔다

부르며 위험한 정서적 영역으로 빠져든다. B가 체외수정의
정상 출산 가능성이 얼마나 희박한지 알고 있는지 의심스럽다.
미국국립보건원에 따르면, 40세 이상의 여성의 경우 1회의
체외수정 시술의 성공 가능성은 14퍼센트에 불과하다.

'유럽 인간 재생산 및 발생학 학회'는 매년 시행되는 150만
회의 체외수정 가운데 약 120만 건이 정상 출산을 하지 못한다고
추정한다. 이 말은, 전 세계적으로 체외수정의 회당 실패율이
전 연령대에 걸쳐 거의 80퍼센트에 이른다는 뜻이다. 산업과
언론은 행복한 결말을 맞은 사례들만을 판매하지만 수백만 명의
여성과 남성이 겪는 실망과 고통과 손상된 건강은 눈에 보이지도,
인식되지도 않는다.

2018년은 세계 최초의 체외수정 아기가 태어난 지 40주년이
되는 해였다. 앞으로도 산업과 언론은 분명 보조재생산기술의
능력이 어머니 자연보다 한 수 앞선다는 신화를 홍보할 테고,
동시에 **수백만** 명의 환자가 겪는 슬픈 결말과 위험에 관한 논의는
생략할 것이다. 우리에게 고통을 주는 것을 통제하고 싶은 욕구는
자연스러운 것이다. 우리 인간은 아무것도 없는 상황에서 기적과
희망을 기대하는 연약한 생물이다. 혁신을 근사하게 묘사하는
것을 죄라고 할 수는 없지만, 그렇다고 자기를 보호하고 현명한
선택을 할 수 있는 힘이 필요하다는 사실을 간과하면 안 된다는
점을 명심해야 한다.

Extreme Pregnancy
—Andrea Long Chu

극단적 임신
—앤드리아 롱 추

아이를 낳는 것은 이성애와 마찬가지로 굉장히 어리석은 생각이다. 그 끝은 분명 좋지 않을 것이다. 당신에게도, 당신의 친구들에게도, 지구에게도. 주변 사람들이 박수를 쳐주고 용기를 북돋아줄지도 모른다. 속지 마라. 그 사람들은 그냥 착한 척하는 거니까. 아이들은 암적인 존재다. 슐라미스 파이어스톤이 『성의 변증법』에서 제안한, 출산을 기계에 위탁하는 프로그램을 그저 미친 생각이라고 여겨서는 안 된다. 재생산 노동의 자동화는 인류가 재생산을 해야 한다는 개념 다음으로 온건한 제안이다. 인간이 들어 있는 캡슐을 믿는 것과 그냥 인간을 믿는 것, 둘 중에서 어떤 게 더 미친 짓일까? 「SCUM 선언」(Society for Cutting Up Men)에서 자신의 인공두뇌형 단성 생식 계획에까지 회의적이던 밸러리 솔래너스와 비교해보라. "미래 세대는 왜 있어야 하는가? 그들의 존재 이유가 무엇인가?"

하지만 어쨌든 나는 아이를 많이 둔 친구들에게 설득되어 마지못해 내 정자를 은행에 보관했다. 친구들은 모든 여성의 자궁에서 폴립(polyp)처럼 자라는 지혜를 발휘하여 내게 조언하길, 살다 보면 나중에 자식을 낳고 싶다는 강한 욕구가 한밤의 식탐처럼 찾아올 수 있다고 했다. 나는 성 전이(transition) 과정의 초기, 즉 호르몬 치료를 받기 전에, 아들의 죽음에 대해 아직 슬픔에 잠겨 있던 부모님에게 갈취한 돈으로 정자를 냉동했다. 저온냉동은행에서는 창문이 없는 작은 베이지색 방으로 나를 안내했다. 당신이 스스로의 의사가 되어야 하는 진찰실 같은 곳이었다. 한쪽 벽에는 텔레비전이 있었지만 리모컨으로 잘 작동이 되지 않았다. 아마 모든 사람이 그냥 자신의 휴대폰을 사용할 것이라고 생각한 게 분명했다. 그 옆의 벽에는 연필로 그린 누드화 한 쌍이 걸려 있었는데, 일부러 감각적이 되려고 애쓰지는 않았지만 그럭저럭 감각적으로 보이는 그림들이었다. 방 안에는 티슈와 잡지, 싱크대가 있었다. 성관계는 없고 성관계에 대한 생각만 가득한 공간이었다.

그곳에서의 경험은 내 생애 가장 값비싼 오르가즘이었다. 세 번째 방문했을 때 그곳의 직원은 나에게 열세 병의 정자를 모았다고 말해주었는데, 자그마치 평균의 네 배였다. 마치 내 생식 기관들이 곧 들이닥칠 실업을 눈치채고는 불안에 빠져 최고의 업무 능력을 발휘하고 있는 것 같았다. 그 자부심이 나를 부끄럽게 했다.

"나는 아이를 갖고 싶은 생각이 없어." 정자은행에서 당신이 정액을 받을 때 내뱉기 쉬운 말이다. 정액을 보존하고픈 마음은

앤드리아 롱 추

나도 이해한다. 당신의 본질을 무의미하고, 해롭고, 기본적으로 이기적인 과학 실험에, 당신의 정치적 견해를 얼마간 탈선시킬 것이 거의 분명한 그 실험에 내어주는 것이긴 하지만. 성전환(sex change)은 아이를 낳는 것과 마찬가지로 매우 어리석은 생각이다. 나는 심지어 **성전환**이라는 말도 쓰면 안 된다고 생각한다. 젠더 확정 수술(gender confirmation surgery)이라고 써야 한다. 마치 이 수술을 한 모든 의사가 당신 내면의 여성을 열렬히 인정하기라도 한 것처럼. 나는 올해 말에는 나를 다른 모습으로 조각해줄 또 다른 사람에게 거액을 지불할 것이다. 아마 그녀는 솜씨 좋게 일을 해내겠지만 그래도 어쨌거나 기대보다는 못할 것이다. 내가 원하는 건 수술이 아니다. 나는 애초부터 수술이 필요하지 않은 것을 원한다. 나는 절대 자연스럽지 못할 것이다. 하지만 그렇게 애쓰다가 죽을 것이다.

　머브 엠리는 모든 재생산이 '자연적인 것'이 아니라 도움을 받고 또 받아야 한다는 증거로 네 사람의 사연을 제시했다. 하지만 이 사례들은 욕망의 대상으로서의 자연스러움을 포기하기가 얼마나 힘든지도 똑같이 보여준다. 심지어 퀴어 이론가들도 배아의 성별을 알면 정신이 번쩍 든다. 그래서 우리가 자연이라는 거짓을 폭로한다고 엠리가 제시했을 때 나는 그렇게 확신이 들지 않았다. 나는 자연적인 것을 둘러싼 담론에서 분명 소외되었다. 하지만 나는 민들레처럼 뉴욕에 여름이 왔음을 알리는, 생기 없는 눈에 배꼽티를 입은 깡마른 백인 소녀들에게서도 똑같은 방식으로 소외되었다. 내 정치적 비평을 샅샅이 펼쳐보라. 그러면 김빠지고 멍한 질투만 남을 것이다. 그렇다고 자연이 거짓이 아니라는 말은 아니다. 우리가 자연이 참이기 때문에 믿는 것은 아니라는 뜻이다. 우리가 자연을 믿는 것은 그것을 원하기 때문이다.

이것은 엠리가 "사람의 몸은 정치적으로 통제하기 힘든 곳"이라고 썼을 때의 의미에 대한 생각을 내 방식대로 말한 것이다. 이 말은 미샤 카르데나스의 「임신」에 대해 엠리가 한 논평으로, 이 프로젝트에 우연히만 적용된다. 카르데나스는 실제로 재생산의 양가감정을 공연했지만, 윤리적 강펀치를 날리려는 분명한 의도의 정치적 유행어로 자신을 무장한 면이 없지 않다. "오, 시스젠더-이성애자 재생산의 특권이여!" 오클랜드의 동네 서점에서 화요일 밤을 보내고 있는 시스젠더 동성애자들이 당연히 덥석 붙잡아 랩톱에 스티커로 붙여 놓을 만한 문구다. 나는 『뉴욕타임스』에서 트랜스젠더 약혼녀와 "생식력이 있는 시스젠더들과 같은 방식으로" 아기를 낳고 싶어 한 조앤 스파타로가 마음에 든다. 그녀는 이런 바람을 정치적으로 정당화하려고 시도하지 않았다. 어쨌거나 그녀는 그렇게 하지 못할 것이다.

출산에는 너무 많은 피, 너무 많은 살(meat) 그리고 너무 많은 정치적인 것이 있다. 기억하라. 임신은 그 결과로 또 다른 사람이 태어나는 너무나 극단적인 인체 변형의 한 형태다. 이런 면에서 임신은 그 무엇과도 닮지 않았다. 아마도 성전환을 제외하고는 말이다. 임신한 동안 당신은 마침내 팽팽하고 매끄러운, 볼 수는 없지만 분명 어마어마한 무언가의 가장자리를 만나게 된다. 당신의 손바닥은 물결치듯 천천히 구르는 단단한 그것을 느낄

앤드리아 롱 추

것이다. 그렇게 손을 대고 있던 몇 시간 또는 몇 달 뒤에 당신은 그 감각이 그것의 호흡이었음을 불현듯 알게 될 것이다. 그것을 자연이라고 불러도 되고 아니어도 된다. 그것을 현실이라고 불러도 되고, 몸을 가진 것이라고 불러도 되고, 이 중 무엇으로도 부르지 않아도 된다. 이것은 너무나 명백하지만 아무도 다루려 하지 않는 문제이고, 당신은 원하는 무엇으로도 그것을 호명할 수 있다. 그것은 부드러운 것, 끔찍한 것, 그저 그런 것, 살아 있는 것, 하늘처럼 아무 의도 없이 존재하는 것이니까.

극단적 임신

A Right to Reproduce
—Merve Emre

재생산할 권리
—머브 엠리

내 글에 사려 깊게 개입해주신 모든 분께 감사드린다. 내가 글을
쓰면서 정했던 과제 중 하나는 여성들 개개인의 이야기가 재생산
및 재생산 정의를 둘러싼 특정한 정치적·윤리적 속박, 욕구, 환상,
이념을 뚜렷하게 느끼도록 만드는 것이었다. 이런 속박과 욕구,
환상, 이념은 보호, 신체적 안전, 신체의 완전성에 대한 생물학적
요구에 관한 우려는 말할 것도 없고 여성이 보험, 의료, 출산 휴가의
이용 같은 체계적 불평등과 직면할 때 특히 더 두드러진다. 또한
재생산권이 재생산하지 않겠다는 여성 개인의 선택과 동의어가
되는 경우, 이런 불평등은 계속 간과된다. 재생산에 관한 서구
세계의 많은 주류 담론에서처럼 말이다.

이는 누군가에게는 익숙하고 복잡하지 않은 주장이지만,
특별히 잘 준비된 주장은 아니다. 내 글의 추동력이 된 것은

재생산 기술에 대한 보편적 접근을 지지하는 많은 기술-유물론적 페미니스트들이 앤드리아 롱 추와 이리나 아리스타흐호바가 답글에서 논의한 개인적인 것과 정치적인 것 사이의 차이를 가려버리는 데 대한 불만이었다. 내가 보기에 이 논의들에는 명확하고 구체화된 진술이 분명히 빠져 있었다. 반면, 유색인종 페미니스트들의 글, 가장 최근에는 로레타 J. 로스, 린 로버츠, 에리카 더카스, 휘트니 피플스, 패멀라 브리지워터 투레가 편집한 논평집 『급진적 재생산 정의』(*Radical Reproductive Justice*)에는 훌륭하게 구체화되어 있다. 하지만 이 논평집에서는 재생산 기술이 우생학과 완전히 동일선상으로 제시된다. 나는 이 두 부류의 사고─페미니즘 기술-유물론과 재생산 정의─가 최대로 포용적인 페미니즘을 고려하면서 서로 대화가 될 수 있다는 점에 흥미를 느꼈다.

나는 페미니스트 선언문들에 나타난 자연과 기술의 역사적 대립을 추적하며 글을 시작했지만, 내가 어느 한쪽을 선택했다고 단언한다면 내 주장을 잘못 해석한 것이다. 그런 입장은 지지할 수 없고 흥미롭지 않을 것이다. (한때 내 글의 가제는 '이제 인공 자궁을 칭송하자'였다. 나는 독자들이 이 제목을 찬가가 아니라 제임스 에이지와 워커 에번스가 1941년에 쓴 고전 『이제 유명한 사람들을 칭송하자』를 농담조로 인용한 것으로 받아들이길 바랐다.) 내가 서두의 말미에서 제시했듯이, 자연적인 것─기술적 개입이 새롭게 반복되면서 정의되고 재정의되는 정서, 시간, 신체와 관련된 실천들에 대한 표준화되고 있지만 끊임없이 바뀌는 담론—은 우리가 그 개념을 초월했다고 믿은 바로 그 순간에 다시 등장했다. 내가 일련의 보편화된 당위나 격렬한 비판이 아니라 이야기를 통해 주장을 펼치기로 결정한 데는 이런 이유도 있다. 이야기는 우리가 적절한 정도의 양가감정과 겸손함, 공감을 느끼면서 개인의 특수성에서 정치적·윤리적 차원으로까지 움직이도록 하기 때문이다.

내가 인터뷰했던 여성들은 우리가 그들의 이야기를 읽고 마음 아파하는 것을 원치 않을 것이다. 슬픔은 너무 쉽게 떨쳐 버릴 수 있기 때문이다. 그들은 자신의 이야기가 모든 선택권이 타협적이고 누군가의 번성을 절대 반대하는 것처럼 여겨짐에도 불구하고 재생산을 하고 싶은 욕구에 관해 정치적으로 생각하고 느끼는 한 방법으로 읽히길 원한다고 생각한다. 이것은 퀴어 이론가 로런 벌랜트가 "잔인한 낙관주의"(cruel optimism)라고 간주했던 것의 한 버전이다. 한편에는 소비지상주의적이고 대중을 매개로 하며 법적 제재를 받는다고 위장한 자연주의의 배제 논리가 있고, 다른 한편에는 마시 다노브스키, 미리암 졸, 애니 멘젤, 크리스 캐포지가 답글에서 강조한 기술적 개입의 계급 차별주의적, 장애인 차별주의적, 인종 차별적 의미가 있다. 그래서 나는 자연적인 것의 다른 버전의 가치에 관해 이야기한 답글, 자연적인 것을 욕구의 한 대상으로 현명하고 거칠고 재미있고 매우 설득력 있게 평가한 추의 글이 특히 유익하다고 생각한다. 이 욕구는 내가 전한 이야기 전체에 느슨하게 꿰어져 있다. 자연이 소외된 정체성을 확인하는 데 체제 전복적으로 사용될 수 있다는 토버의 영리한 주장도

머브 엠리

마찬가지다. 나는 트랜스젠더의 재생산에 대한 스파타로의 논평을
해석하면서 이 점을 암시하긴 했지만 발전시키지는 않았다.

　　내 주장이 미국에 한정되어 있고 국가를 넘어서는 대리모
시장을 다루지 않은 것은 사실이다. 국제 대리모 시장은 아닌디타
마줌다르, 사얀타니 다스쿱타, 암리타 판데, 샤밀라 루드라파의
신작들에 훌륭하게 정리되어 있다. 몇몇 답글이 지적한 것처럼,
나는 '돈을 위해 난자를 공여한' 여성에 대해 이야기하지 않았다.
이 표현은 곤혹스러운 모순어법이다. 물론 이 여성들을 다루고
싶었지만 비밀성과 익명성이라는 걸림돌 때문에 이야기를 나눌 수
있거나 이야기하고 싶어 하는 여성을 찾기가 어려웠다. 만족스러운
답이 아닐 수 있겠지만 사실이며, 이 사실은 내가 글에서 강조해야
했던 더 중요한 요점으로 이어진다. 즉, 자신이 명백한 시장 교환
체계, 인종 및 계급 불평등을 훨씬 더 두드러지게 만드는 시장
바깥에서 생식 물질을 생산하고 소비한다고 생각하는 여성을 찾고
재생산에 관해 이야기하도록 설득하는 것이 더 쉽다.

　　동시에, 몇몇 답글은 너무 성급하게 접근성과 특권을 합쳐서
생각하는 것 같다. 실제로 내 중요한 의도 중 하나는 접근성
문제를 논하는 페미니스트들에게 재생산 노동과 관련해서는
접근성과 특권을 좀 더 주의 깊고 세부적으로 구분하라고
권하는 것이었다. 내가 좀 더 뚜렷하게 혜택받지 못하는 상황에
처한 여성들의 사례를 이야기했다면 내 주장이 바뀌었을지는
잘 모르겠다. 사례들의 세부 내용이 달라도 의학적 도움을 받는
재생산에 관한 기본적인 핵심은 동일할 것이다.

　　　　　　　　재생산할 권리

재생산 기술이 많은 여성과 그 자식들이 새로운 생명정치 현실에 익숙해지도록 경제적 의사 결정 용어 ― 최적화, 적시 생산(just in time), 헤징(hedging), 처음 봐도 읽기 쉬운 갖가지 약어들 ― 를 사용하도록 독려한다는 캐포지의 말은 옳다. 유전자 검사 같은 개인적 선택은 기술적 제약의 영향을 받는다. 종합하면, 이런 선택은 아무리 개인적으로 고통스럽거나 복잡하더라도 특정한 차별적 이념을 증폭시킨다. 내 의도와 관련하여 더 중요한 것은, 소피 루이스의 주장처럼, 이 용어들의 명확함이 재생산이 일이라는 사실을 가시화하고 일로서의 재생산이 불공평하게 배분되고 불평등한 보상을 받는다는 점이다. 이 점은 신자유주의에서뿐 아니라 산업적 현대성이 생산 노동과 재생산 노동을 분명하게 구분한 이래로 대체로 그러했다.

나는 이 글을 위한 연구를 시작한 이후 루이스의 반노동석 (anti-work) 재생산 노동 개념에 흥미를 느꼈다. 이 개념이 재생산할 권리의 실현을 둘러싼 진정한 정치적 전망을 제시한다고 생각하기 때문이다. 나는 글의 말미에 제시한 주장, 즉 유색인종 페미니스트, 학자-활동가, 퀴어 가족이 의학적 도움을 받은 재생산을 모형화하고 이론화하는 개척자들이라는 주장에 필요한 맥락을 추가해준 루이스와 멘젤에게 감사한다. 나도 진심으로 동의하며, 내가 그들의 연구에 진 빚을 글의 서두와 말미에서 더 자세히 이야기할 수 있었으면 좋았을 텐데 아쉽다. 내가 『급진적 재생산 정의』에서 가장 좋아하는 부분 중 하나는 린 로버츠가 쓴 「네 번의 변화 속에서 어머니 되기와 어머니이기에 관하여」(On

머브 엠리

Becoming and Being a Mother in Four Movements)다. 입양으로
두 명의 '선택한 아이'를 기른 로버츠는 이 글에서 자신의 언니가
체외수정으로 임신하기 위해 "무슨 일이든 하겠다고 결심하고
엄청난 빚을 졌다고" 강조했다. 로버츠는 자신과 언니 둘 다
생물학적으로 연관되지 않은 아이들을 길렀다는 점을 지적했다.
이 도전은 이들 가족의 유대 관계를 심화했을 뿐 아니라 친족 관계
체계를 확장시킨 것으로 보인다. 우리는 내가 다룬 몇몇 사례에서
어렴풋이 드러난, 보상을 받지 않고 누군가를 돌본 경우에서 이와
비슷한 확장의 경험을 보았다. B를 보살피고 체외수정 비용을
지불하도록 도와준 여성들, 비록 그 속에서 이질적인 감정을 느끼긴
했지만 K가 가입한 #ttc 커뮤니티들, 카르데나스에게 불임의 통념에
맞서는 법을 알려준 페이스북의 트랜스젠더 여성 단체 등이 그
예다. 재생산기술의 신자유주의화에 가장 사로잡힌 사람인 S가
또한 가장 외로워 보이는 것은 우연이 아니다.

　　요전 날 밤에 나는 한창 걸음마 중인 내 아이에게
『호튼이 알을 낳았어요』(Horton Hatches the Egg)라는
그림책을 읽어주다가 이 문제에 대해 생각해보았다. 이 책은
메이지라는 '게으른 새'가 자신이 수행해야 하는 재생산 노동에
불평을 늘어놓는 장면으로 시작된다. 메이지는 "나는 지치고
지루해 / 게다가 다리에 쥐도 나 / 앉아 있어서 그래. 날이면
날마다 여기 앉아만 있으니까"라고 탄식한다. "이건 일이야! 진짜
싫어!" 그때 호튼이라는 코끼리가 나타나 메이지가 휴가를 갈 수
있도록 그녀의 알을 품어 주겠다고 약속한다. 이렇게 보상 없이

　　　　　　　　재생산할 권리

종을 넘어선 대리모 역할을 하는 호튼의 행동은 갖가지 우화적 렌즈—이 렌즈들은 전부 작동한다—를 통해 해석할 수 있지만 더 흥미를 끄는 점은 애초에 왜 호튼이 그 일을 하는가이다. 호튼이 그 일을 하는 것은 메이지가 '강력히 요구했기' 때문이고, 그가 '다정하고 친절하기' 때문이다. 내가 글의 말미에서 "사회적인 것이 기술적인 것을 따라잡길" 원한다고 주장했을 때의 의미는 궁극적으로 우리가 좀 더 유익한 방식으로 요구해야 하고 친밀한 사람들과 낯선 사람들의 친절을 모방하도록 체계적으로 조직화된 정치 체계가 필요하다는 뜻이었다.

머브 엠리

Every Woman Is a Working Woman
— Silvia Federici interviewed by Jill Richards

모든 여성은 일하는 여성이다
—실비아 페데리치 인터뷰: 질 리처즈

1972년에 이탈리아, 영국, 미국의 페미니스트들이 이탈리아의
파도바에 모여 이틀 동안 회의를 열었다. 의회 밖 좌파,
반식민지주의 투쟁, 공산당의 대안들과 연관된 이 활동가들은
「국제 페미니스트 집단 성명서」(Statement of the International
Feminist Collective)를 작성했다. 이 성명서는 가정에서의 무임금
노동과 공장에서의 임금 노동의 구분을 거부하고 가사노동이
자본주의에 맞서는 계급투쟁의 중요한 영역이라고 선언했다.

　　뉴욕에 거주하는 이탈리아인인 실비아 페데리치는 이
회의에 참석했다가 뉴욕으로 돌아와 '뉴욕 가사노동 임금
위원회'를 설립했다. 다음 해에 미국의 많은 도시에서 이 위원회가
발족했다. 각 위원회는 남성 임금 노동자들과 별개로 자율적으로
조직되었다. 「가사노동의 임금에 관한 테제들」(Theses on Wages for

Housework)에서 지적했듯이, "남성으로부터의 자율권은 남성의 권력을 이용하여 우리를 규율하는 자본으로부터의 자율권이다."

뉴욕의 가사노동 임금 위원회는 고작 스무 명의 여성으로 구성되었고, 이탈리아의 '트리베네토 위원회', 런던의 '여성의 힘 위원회'와 밀접한 관계를 유지했다. 페데리치가 기억하는 것처럼 초기에는 회원들이 임금 요구의 역설적 성격을 논의하면서 회원 변동이 잦았다. 임금이 가사노동에 대한 보상을 말하는가? 만약 그렇다면 임금을 요구하는 것은 여성의 노동을 자본주의 체계에 더 통합시키는 단순한 개혁주의인가, 아니면 가사노동의 타도를 의미하여 여성의 사회적 역할과 정체성을 변화시키는가?

이런 질문들이 1960년대에서 1980년대까지 가사노동 논쟁의 중심을 이루었다. 마르크스주의 및 사회주의 페미니스트들이 오랫동안 가사노동에 관해 이론화해오긴 했지만, 이 새로운 논쟁은 자본주의의 발달이라는 큰 틀 안에서 여성의 가사노동의 정치경제학에 좀 더 구체적으로 초점을 맞추었다. 이 프레임워크에서 사회적 재생산은 청소, 요리, 육아라는 무임금 노동을 의미하며, 공장에서 남성의 임금 노동을 가능하게 하는 여성화된 보살핌, 위안, 성관계에 대한 기대를 함축한다.

페데리치의 연구와 행동주의는 지금까지 40년 넘게 이 활동의 중심이 되어왔다. 그녀의 글은 혁명적 활동으로서의 임금 요구에 대한 기초적 설명을 제시한다. 많은 영향력을 발휘한 소논문 「가사노동에 대항하는 임금」(Wages Against Houswork)은 다음과 같은 도발적인 반박으로 시작된다. "그들은 그것이

모든 여성은
일하는 여성이다

사랑이라고 말한다. 우리는 그것이 무임금 노동이라고 말한다." 이 논문과 다른 글들에서 페데리치는 임금 요구가 소외된 노동이라는 공통된 상황을 중심으로 여성을 조직화하기 위한 중요한 정치적 연결점이라고 주장했다. 임금 요구는 자본주의가 충족시키기 어려운 문제이고 바로 이 점이 중요하다. 이 요구가 성공하려면 사회적 부의 분배에 전면적인 재편성이 필요할 것이다.

「가사노동에 대항하는 임금」은 최근 페데리치와 알린 오스틴이 편집한 『가사노동 임금: 뉴욕 위원회 1972~1977: 역사, 이론, 문서들』(*Wages for Housework: The New York Committee 1972~1977: History, Theory, Documents*)에 수록되면서 재발간되었다. 이 모음집에는 발표되지 않았거나 찾기 어려웠던 많은 소논문과 연설, 회보, 사진, 노래, 언론 보도가 담겨 있다. 뉴욕에 초점을 맞추었지만 로스앤젤레스, 아이슬란드, 이탈리아, 독일, 런던의 자료들도 담았다. 수록된 글들은 신기술이 가사노동 시간을 단축시켜 다른 활동을 할 수 있는 시간을 내줄 것이라는 유토피아적인 전망을 거부한다. 『부엌에서 만든 대안』(*Counter-planning from the Kitchen*)에서 페데리치와 니콜 콕스가 주장했듯이, 신기술로 가능해진 생산성 향상이 꼭 가사노동의 소외된 성격이나 그에 따라 형성된 규범적인 가족 형태를 바꾸는 것은 아니다.

다음의 대화는 가사노동의 모습을 다르게 보이게 만드는 혁신에 초점을 맞추기보다 재생산 노동을 중심으로 조직된 페미니스트들을 통해 개발된 투쟁 기술과 기법들을 검토한다.

실비아 페데리치

질 리처즈(이하 리처즈): 노동 정의와 관련된 일을 하는 다른
활동가 단체와는 별개로 단체를 조직한 이유는
무엇이었나요?

실비아 페데리치(이하 페데리치): 전체적으로 여성 운동은
자율적입니다. 우리의 관심사가 남성이 주도하는 좌파에게
중요하지 않은 게 분명하니까요. 1969년에 여성들은
'민주사회학생회' 같은 좌파 단체들을 떠났어요. 여성이
받는 억압에 관해 논의하자고 청할 때마다 야유를 받고
입막음을 당했기 때문입니다. 모든 여성 단체가 남성들과
별도로 조직되는 것은 중요한 문제예요. 우리가 남녀가 섞인
조직에 남아 있으면 사회에서 여성이 겪는 억압의 구체적인
형태에 대한 이해를 발전시킬 수 없을 겁니다. 1973년, 우리
단체가 결성되었을 즈음에는 페미니스트 자율성의 필요성이
확고해졌어요.

　　　우리는 자율적인 조직을 통해 여성들이 말하고, 서로의
이야기를 듣고, 서로의 경험을 평하고, 우리가 말해야
하는 것들이 중요하다는 것을 깨달을 수 있는 공간을
만들었어요. 자율성은 우리가 우리 자신의 목소리를 발견할
수 있도록 했습니다. 어떤 페미니즘 조직도 노동 정의
문제에만 관심이 있는 건 아니라는 말도 꼭 덧붙여야겠네요.

리처즈: 사람들이 교차성(intersectionality)에 관해 이야기하기
훨씬 전부터, 그리고 여성의 행동주의가 주로 인종에

모든 여성은
일하는 여성이다

따라 나뉘어 있던 시기에 어떻게 뉴욕 가사노동 임금
위원회가 심오한 인종 간 연대의 장으로 나아갔는지에 대해
말씀해주실 수 있나요?

페데리치: 뉴욕 가사노동 임금 위원회의 정치적 견해는 자본주의,
제국주의, 반식민주의 투쟁을 이해하는 여성들에 의해
형성되었어요. 따라서 우리는 여성의 해방이 '남성과의
평등'을 위한 투쟁이 될 수 있다거나 동일 노동에 대한
동일 임금 문제로 제한될 수 있다는 생각을 받아들일 수
없었습니다. 우리는 흑인의 인종화가 노예제도를 정당화하는
데 기여한 것과 같은 방식으로 젠더에 근거한 차별이
여성을 가정에서 무급 노동자로 착취하는 데 기여했다고
생각해요. 우리가 흑인 여성들이 이끄는 생활 보호 대상
어머니들의 투쟁을 지원하는 것은 이 때문입니다. 흑인
여성이 생활 보호를 받는 여성의 대다수를 차지하기 때문이
아니라─실제로도 그렇지 않습니다─흑인 여성들이 자신의
권리를 위해 싸울 준비가 가장 잘 되어 있기 때문입니다.
이들은 복지는 자선이 아니다, 모든 여성이 일하는
여성이다라고 외치며 거리로 나간 여성들입니다. 이들은
우리와 마찬가지로 아이를 기르는 것이 사회적으로 필요한
일이라고 말합니다. 이들은 우리를 기생충이라고 부르지 말라.
우리가 국가에 의존한다고 말하지 말라. 국가는 군인이 필요할
때 우리 아이들에게 의지한다. 국가는 공장에서 일할 사람이
필요할 때 우리 아이들에게 의지한다라고 말합니다.

실비아 페데리치

따라서 이들은 뉴욕 가사노동 임금 위원회가 여성에게 더 많은 힘을 줄 것을 알고 있습니다. 단기적으로는 가진 돈이 더 많아짐으로써, 자신의 삶에 대해 더 많은 통제권을 가짐으로써, 자기 소유의 돈이 절실해서 어쩔 수 없이 남성 또는 아무 직업에나 의지하지 않게 됨으로써 힘을 얻을 수 있습니다. 장기적으로는 여러 세대의 여성들이 해온 것처럼 자본가 계급에게 계속 엄청난 양의 무급 노동을 제공하길 거부함으로써, 그리고 노동자를 생산한다는 점에서 가정은 일종의 공장이며 가사노동이 다른 모든 형태의 일을 가능하게 한다는 사실을 더 이상 간과하지 못하게 함으로써 힘을 얻을 수 있습니다.

이 말이 여성들에게 집 밖에서 일하지 말라는 뜻은 절대 아닙니다. 그보다는 우리가 집 밖으로 나설 때, 절박해서가 아니라, 닥치는 어떤 일이든 받아들여야 하기 때문이 아니라, 좀 더 큰 힘과 얼마간의 경제적 자율성을 가질 수 있다는 뜻입니다.

리처즈: 지역 페미니스트 운동과 국제 페미니스트 운동의 관계에 관해, 특히 노동 조직화의 측면에서 말씀해주세요.

페데리치: 자본은 국제적입니다. 따라서 자본주의에 대항하는 행동주의 역시 국제적이어야 합니다. 1927년 여름에 파도바에서 '국제 페미니스트 집단'을 결성했을 때 우리는 이 점을 이해하고 있었습니다.

모든 여성은
일하는 여성이다

국제적 조직화로 우리는 순전히 국내 관점에서
바라볼 때보다 자본주의에 대해 더 강한 비판을 전개할
수 있었습니다. 하루하루를 기준으로 보면, 우리 조직은
뉴욕과 미국에서 할 수 있는 일들에 더 광범위하게
초점을 맞추는 한편, 문서와 분석 내용을 교환할 수 있는
국제회의를 정기적으로 열려고 노력했고, 그래서 우리
모두가 공유하는 투쟁에 대해 더 넓은 시각을 얻을 수
있었습니다.

우리는 오늘날에도 국제적 조직화가 필요하다고
생각합니다. 여성에 대한 폭력 문제를 두고 조직화가
이루어지고 있는 것처럼 말이죠. 폭력은 모두 똑같은
형태가 아닙니다. 폭력은 일부 여성에게 훨씬 더 지대한
영향을 미칩니다. 특히 미국에서 폭력은 분명 백인 여성보다
유색인종 여성에게 훨씬 더 극심하게 영향을 미칩니다.
마찬가지로, 개발도상국의 여성에게 폭력은 북반구의
여성과 다른 방식으로 영향을 미칩니다.

그렇지만 여성인 우리는 여성에게 성적 폭력을 가할
자격이 있다고 생각하며 자라게 될 남성들 때문에 밤에는
외출할 수 없으며, 어디를 언제 어떤 옷차림으로 갈지 신경
쓰도록 길러졌습니다. 우리 세대의 여성은 어릴 때부터
거리에서 남성들이 우리의 몸에 관해 모욕적이거나
위협적인 말을 할 것이며, 아버지와 남편이 우리를 때릴 수
있고, 그것을 견뎌야 한다는, 폭력이 우리 삶의 한 요소가

103　　　　　　　　　　　　실비아 페데리치

될 것이라는 사실에 대비했습니다.

페미니즘 조직화의 중요한 전환점은 1976년 3월에
브뤼셀에서 열린 '여성 대상 범죄에 대한 국제 재판'이었습니다.
페미니스트들이 조직한 이 재판은 개인적 폭력 혹은
가정폭력뿐 아니라 전쟁, 제도적 정책과 관련된 것까지 모든
형태의 폭력을 이야기했습니다. 그러나 미국에서 벌어진
이 운동의 한계 중 하나는 가해자에 대한 더 엄한 처벌을
요구하는 데 초점을 맞추고 종종 경찰과 협력했다는 점입니다.
이건 실수였습니다. 흑인 여성 단체들이 분명하게 밝힌 것처럼,
더 엄한 처벌은 피해를 입은 공동체의 남성 개개인을 범죄자로
만드는 것으로 끝납니다. 오늘날 요구되는—주로 흑인
페미니스트들이 장려하는—것은 회복적 사법(restorative
justice)과 공동체 책임성입니다.

여성 대상 폭력에 대한 우리의 분석은 가사노동을
자본주의 생산의 한 형태로 보고 가족 전체의 구성에 있어
임금의 역할을 분석하는 것에 달려 있습니다. 우리는 가족
내에 항상 폭력이 잠재해 있다고 주장합니다. 국가가 임금을
통해 남편에게 아내의 일을 감독하고 통제할 권한과 아내가
일을 잘하지 않을 경우 벌을 줄 권한을 위임하기 때문입니다.
저는 이것을 일종의 간접 통치라고 표현하겠습니다. 국가가
남성과 그의 임금을 통해 여성에 대한 통제를 매개하는
것이죠. 1970년대에 생활 보호를 받는 여성들이 국가를
'남성'(The Man)이라고 부른 데는 그만한 이유가 있습니다!

모든 여성은
일하는 여성이다

가정폭력이 그토록 오랫동안 용인되고 국가에 의해 범죄로 잘 다루어지지 않았던 것은 이 때문입니다. 우리는 심지어 강간도 가정 규율의 한 형태로 보기 시작했습니다. 강간은 여성의 시간과 공간을 통제하는 한 방법입니다. 밤에 남편 없이 혼자 밖에 나가지 않았어야지, 집안일을 하고 다음 날을 준비하면서 아이들과 집에 있었어야지, 밖에 나간다면 대비를 했어야지, 알잖아… 강간의 위협은 여성의 시간과 공간에 가해지는 무언의 규율입니다.

또한 우리는 여성에 대한 폭력이 아동 학대와 관련되어 있다는 점을 잊지 말아야 합니다. 잘 인식되지 않고 있지만 아동은 폭력의 또 다른 주요 피해자입니다. 아이들이 구타당하는 것은, 여성의 경우와 마찬가지로, 국가가 폭력이 아이들을 미래의 착취 형태에 대비시키는 데 필요한 한 방법임을 인정했기 때문일 수 있습니다. 그리고 여성에 대한 폭력은 여성, 남성 할 것 없이 모든 흑인에 대한 폭력과 연관되어 있습니다만, 노예제부터 현재에 이르기까지 이 폭력은 훨씬 더 야만적이고 파괴적인 형태를 띠어왔습니다. 폭력은 사람들이 사회에서 종속적인 위치를 받아들이도록 강요하고 강력한 형태의 착취를 가하는 데 항상 필요합니다.

리처즈: 당시 뉴욕 가사노동 임금 위원회의 정견에서 가장 자주 잘못 이해된 측면이 무엇인가요?

페데리치: 더 광범위한 페미니즘 운동은 여성의 상황을 개선하는

실비아 페데리치

데 관심을 기울였지만, 사회를 자본주의에서 변화시키는
데는 그만한 관심이 없었습니다. 우리는 후자 없이 전자를
실현할 수 없다고 느꼈습니다.

　뉴욕 가사노동 임금 위원회는 우리가 집에 머물면서
똑같은 집안일을 할 수 있도록 돈을 달라고 말하는 것으로
오해를 받았습니다. 사실 우리는 가사노동에 대한 임금을
하나의 거부 전략이자, 우리 삶을 어떻게 꾸릴지 결정하는
데 있어 더 많은 선택권과 권한을 주는 전략으로 생각하는데
말이죠. 우리는 "여성을 집에 가둔다"는 비난도 받습니다.
하지만 우리가 이야기를 나눈 많은 여성이 이미 집에
갇혀 있었습니다. 집 밖으로 나가고 싶어도 자기 소유의
돈이 없어서 아무 데도 갈 수 없거나 남편을 떠날 수 없기
때문이죠.

　일부 비평가들이 추정하는 것과 달리, 뉴욕 가사노동
임금 위원회가 우리의 최종 목표는 아니었습니다. 이
문제가 그 자체로 강력한 목표가 아니라는 말은 아닙니다.
우리는 가사노동 임금 투쟁이 국가가 우리에게 무료 탁아
서비스와 그 외의 중요한 지원 서비스를 제공하게 만드는
가장 빠른 방법일 것이라고 믿었습니다. 유감스럽게도
여성 운동은 아직 그런 지원들을 얻어내지 못했습니다! 제
생각에는 여성 운동이 남성이 주도하는 영역으로 들어가는
데 모든 에너지를 쏟느라 특히 가사노동과 육아, 그 외의
돌봄 노동과 관련 있는 재생산 노동의 상황을 바꾸기 위해

모든 여성은
일하는 여성이다

투쟁하지 않은 점도 일부 원인인 것 같습니다. 그동안 국가는 여성들에게 더 많은 서비스를 제공하는 대신 지금껏 이용해왔던 서비스에 대한 접근을 축소했습니다. 지금은 1960년대 말보다 노인 돌봄과 보육 서비스를 이용하기가 더 어렵습니다.

우리의 전략은 유급 노동뿐 아니라 가사노동, 섹슈얼리티, 육아처럼 우리 모두에게 영향을 미치는 문제들에 대해 여성들이 가장 강한 분야에서 투쟁하는 것입니다. 1976년에 유급 육아 휴직 문제가 대법원에 상고되었을 때 이를 지지했던 페미니스트는 드물었습니다. 이런 '특권'을 받게 되면 평등을 요구할 권리가 없어질까 봐 걱정했기 때문이죠.

하지만 1980년대 초, 여성들이 대거 임금 노동을 시작했을 때 이들은 여전히 '평등'을 이루기가 어렵다는 것을 알게 되었습니다. 여성들은 여전히 아이와 친척들을 돌보며 집에서 많은 무급 노동을 해야 했으니까요. 그 뒤 여성들은 자신의 일터에서 각자 싸움을 벌여야 했습니다. 게다가 당시는 세계화 때문에 노동 조직 전체가 뒤집히고 있을 때였어요. 일자리들이 해외로 위탁되고 국가가 서비스를 줄이면서 미국 내 공단이 해체되었습니다. 여성들은 공장의 지붕이 무너지고 있는 시기에 노동 시장으로 들어간 것입니다.

실비아 페데리치

리처즈: 오늘날의 기술이 운동에 어떻게 도움이 되거나 방해가 될까요?

페데리치: 그 문제는 확인하기 어렵습니다. 하지만 저는 컴퓨터와 인터넷 부족이 문제였다고 생각하지 않습니다. 우리는 거리에서, 빨래방에서, 그 외에 여성들이 모이는 장소들에서 여성들과 이야기를 나누는 데 많은 시간을 썼습니다. 저는 직접 얼굴을 보는 만남이 굉장히 중요하다고 생각합니다. 온라인에서의 만남보다 더 원활한 소통을 하는 데 도움이 되거든요. 개인적으로 저는 인터넷이 대체로 우리 시간을 많이 잡아먹는다고 생각합니다. 꼭 정치적으로 더 생산적이지는 않은 방식으로요. 우리는 처리할 수 있는 정도보다 더 많은 정보에 파묻히고, 대응할 수 없거나 어쩔 수 없이 굉장히 피상적으로 대응하게 되는 요구들을 끊임없이 받습니다. 또 저는 영국, 이탈리아, 캐나다의 여성들과 주고받은 많은 편지를 아직 가지고 있는데, 그중 일부는 그 지역의 정치적 상황을 훌륭히 분석하여 마치 기사라고 해도 손색이 없을 정도입니다. 그 편지들에는 또한 많은 생각이 들어 있습니다. 요즘에는 오히려 그런 편지가 없어요. 하지만 인터넷과 컴퓨터가 새로운 가능성을 열고 있다는 점에는 조금의 의심도 없습니다.

모든 여성은
일하는 여성이다

Going to Work in Mommy's Basement
— Sarah Sharma

어머니의 지하실에서 일하기
— 새라 샤르마

2016년 2월, 인터넷은 루시 브이(Roosh V)—픽업아티스트이자
반동성애, 반페미니즘 웹사이트인 '리턴 오브 킹스'(Return
of Kings)의 창시자—가 자기 어머니의 지하실로 숨은 것
같다는 소식으로 떠들썩했다. 삶은 밈(meme)을 모방한다. 저런
남성들에게 가장 쉽게 던질 수 있는 모욕—엄마한테 얹혀사는
새끼들—이 이번 경우에는 사실로 드러났다. 루시 브이의 폭력적
발언들은 현실에서의 결핍에 대한 보상이었다. 하지만 어머니의
지하실로 숨은 괴물은 심각한 문제다. 그는 떠오르는 문화적·
정치적 인물이며, 어머니의 지하실—또는 첨단 기술 세계에서의
아날로그식 작업장, 이 문제에 대해서는 뒤에서 다시 다루겠다—은
보수적인 생각을 부화시키는, 점점 더 중요해지는 인큐베이터다.
　　물론 우리는 어머니의 지하실의 전등 스위치를 올렸을 때

어머니도 발견하게 된다는 사실을 잊어서는 안 된다. 어머니의
지하실로의 후퇴는 평가 절하된 어머니의 돌봄 노동에 의해
결정된다. 이때의 어머니는 꼭 특정한 어머니가 아니라 폄하되어
여성화된 뒷바라지 행위가 지니는 정신분석학적 의미에서의
'어머니'를 말한다. 실제로, 돌봄 비용에 대한 책임을 회피할 특권은
남성 권력의 중요한 특징이다. 이것이 가부장제가 작동하는 방식들
중 하나다.

어머니의 지하실에 있는 속옷 차림의 성인 백인 남성은 새로운
정체성 범주인 젠더 분리주의자(gender separatist)의 전형적인
모습이다. 이런 남성의 인터넷 이용 내역을 수집해 작성한 몽타주는
환멸에 빠진 채 레딧(Reddit), 포챈(4Chan) 같은 사이트의 남성
권리 토론방에 참여하는 20~30세의 비디오 게임 중독자의
모습이다. 그는 아마 남성 금욕 운동에 참여하는 비자발적
독신자거나 루시 브이 같은 남성들이 옹호하는 여성 혐오적인 유혹
철학(pickup philosophy)의 지지자일 것이다.

좀 더 정교한 캐리커처는 잘못된 판단을 하고 있지만 논리
정연한 여성 혐오자를 묘사한다. 그는 아이비리그에서 공부하고
페미니즘 이론에 박식하다. 그에게 여성의 사회 진출은 남성의
노동을 평가 절하하고 성별 간 전쟁을 일으키는 페미니스트의
음모다. 갑자기 사무실, 회의실 그리고 침실까지 모두 안전하게
다니기 너무 힘든 지대가 된다. 그는 강간 혐의가 무서워
여성과의 성관계로 스트레스를 풀지도 못한다. "여성과의 관계를
끊은"(sexodus) ─ 극보수주의의 총아인 마일로 이아노폴로스가

붙인 이름—이 남성들이 보기에 이런 힘든 시대와 위태로운 미래를 만들어낸 범인은 노동법이나 결함이 있는 경제, 혹은 자유시장 자본주의의 구조적 불평등이 아니다. 그보다는 페미니스트, 그리고 좀 더 최근에는 이민자가 범인이다.

누군가는 여성과의 관계를 끊은 남성들이 게임, 포르노물, 블로그와 브이로그 활동, 코딩—그들을 내다 버릴 수 없는 세상을 기획하기 위한 노력들—으로 자위할 수 있다고 농담할 수도 있겠다. 하지만 나는 그런 단순한 이해를 경계하라고 말하고 싶다. 여성과의 관계를 끊은 남성들은 검토할 만한 가치가 있는 기술과 젠더에 관한 무언가를 알고 있다. 이아노폴로스가 한 말을 살펴보자.

> 페미니즘의 부상은 비디오 게임, 인터넷 포르노 그리고 가까운 미래의 언젠가 섹스 로봇의 부상과 숙명적으로 일치한다. 이 모든 선택지를 이용할 수 있고 현실 세계에서의 관계의 위험이 커지면 남성들은 그냥 도망쳐버린다.

여성은 이 길게 줄지어 선 매체들 안에서 그저 또 다른 기술적 도구로 놓여 있다. 그리고 이제 여성(기술적 도구로서의)을 통제하기가 좀 과하게 힘들어지자, 말대답하지 않는 이미지들, 불평을 늘어놓지 않는 로봇 애인 등 더 새롭고 더 참아줄 수 있는 모형들이 더 잘 맞춰주는 서비스를 제공한다. 만약 이들이 불평을 하면 업데이트하고 다시 프로그래밍하면 된다. 여성이 가부장제

새라 샤르마

안에서 자신의 역할로 지정된 바를 수행하길 원치 않는다고
하면, '그렇다면 좋다, 그 역할을 할 다른 기술들이 있다'는 식으로
논의가 흘러가는 것 같다.

『로봇과의 사랑과 성생활』(*Love and Sex with Robots*)의
저자 데이비드 레비는 한 인터뷰에서 "요리용이든, 성관계용이든,
집에 로봇이 있다면 그 로봇과 잡담을 나눌 수 있다는 점이 멋지지
않을까?"라고 호의적으로 제안했다. 이런 말들에서 우리는 이
남성들이 젠더 관련 기술의 힘을 깊이 이해하고 있다는 점과 함께
새로운 기술들이 친밀함을 확산시키고 대부분의 실제 여성보다 더
유순하고 융통성 있게 자신을 돌봐줄 거라 희망한다는 점을 알 수
있다.

극보수주의는 페미니즘을 사회의 암이라고 부르길 좋아한다.
페미니스트는 남성 주도의 세계를 돌보기 위해 설계된 긴 대열의
기술들('어머니들')에서 가장 결함이 큰 기술이다.

다시 말해 페미니스트는 흡입 기능을 잃은 진공청소기나
계속 물이 새는 식기세척기처럼 쓸모없거나 받아들일 수 없는
기술이다.

2017년 여름, 제임스 다모어가 구글에서 쓴 내부 메모가
유출되면서 뉴스 헤드라인을 장식했다. 그 메모는 남성과 여성
사이에 생물학적 차이가 있기 때문에 다양성을 기반으로 한
채용에는 문제가 있다는 내용이 적혀 있었다. 그리고 다모어는
기술을 자연적인 남성의 공간으로 옹호하여 우리가 비판의 방향을
잡도록 도왔다. 성공한 첨단 기술 업체 대부분의 업무 공간을

엿보면 탁구대, 낮잠 기계, 무한 공급되는 간식이 발견된다. 이 공간들은 어머니의 지하실과 분명하게 닮아 있다. 실제로 구글의 마운틴뷰 본사는 직원들의 반경 60미터 내에 항상 먹을거리가 있어야 한다고 공식 정책에 명시했을 정도다. 낮잠 기계를 제공하는 기업이 구글뿐만은 아니다. 우버(Uber) 사무실에도 낮잠 기계가 있다. 은행 실험용 소프트웨어 업체인 '캐피털 원 랩스'(Capital One Labs)는 한 발 더 나아가 사무실 설계에 '어린 시절의 지하실 모험'이라는 주제를 도입하여 직원들이 올라가 쉴 수 있는 구석진 공간과 틈을 만들었다.

이런 반사회적인 테크브로(tech-bro) 문화 속 '컴퓨터 프로그래머의 동굴'에서는 어떤 종류의 일이 진행될까? 다른 것에 얽매이지 않은 안전하고 풍요로운 자리에서는 어떤 종류의 세계가 프로그래밍될까?

3년 전쯤, 긱 경제(gig economy)가 주로 어머니 역할을 하는 앱들로 구성된다는 우스갯소리가 소셜 미디어에 떠돌기 시작했다. 경제 뉴스 웹사이트인 '비즈니스 인사이더'(Business Insider)는 20대의 테크브로들이 운전, 요리, 청소, 세탁 등 여전히 엄마가 해주길 바라는 일을 위한 기술과 프로그램을 디자인하는 데 재능을 낭비하고 있다고 제시했다. 『뉴스위크』도 "실리콘밸리에는 엄마가 필요하다"(Sillicon Valley Needs Moms)라는 제목으로 비슷한 기사를 실었다. 우버—"엄마, 나 좀 태워다 줘요", 태스크래빗(TaskRabbit)—"엄마, 방 청소해주세요", 그럽허브(GrubHub)—"엄마, 배고파요", 리브베터(LiveBetter)—

새라 샤르마

"엄마, 지루해요"가 등장하자 테크(브로) 문화의 이 특별한 순간을 포착하기 위해 "탈-엄마 경제"(post-mom economy)라는 용어가 등장했다. 하지만 이런 앱들이 어머니를 대신하도록 디자인되었다는 말은 핵심을 놓친 것이다. 이 서비스들은 어머니를 복제하거나 재현하거나 대체하지 않는다. 그 대신 어머니의 의무를 다른 모든 돌봄 제공자에게 **확장하고** 소비의 영역을 확대한다. 어머니와 관련된 노동이 그저 대개 어머니와 관련되지 않은 새로운 단체와 인물에게 부여되는 한편, 어머니의 돌봄과 관련된 재화와 서비스가 확장된다. 다시 말해 어머니와 관련된 문제는 단지 이 노동을 누가 하는지가 아니라 사회에서 이런 종류의 노동에 대한 수요의 문제다.

그게 뭐가 문제일까? 왜 모든 사람이 혜택을 받지 못하는 걸까? 어쨌거나 이것은 유급 노동이 아닌가. 이제 집에서 요리하는 어머니 대신 배달 음식 가방을 등에 멘 다부진 배달부가 오토바이로 차들 사이를 누빈다. 어머니의 미니밴 대신 우리에게는 반짝이는 새 차를 모는 사업가로 캐스팅된 진취적인 우버 운전사가 있다. 한 손에는 대걸레를, 다른 한 손에는 장볼 식료품 목록을 든 어머니 대신 이제는 태스크래빗(TaskRabbit)이 연결해준 심부름꾼이 바닥을 청소하고 식료품을 배달해준다.

하지만 디지털 플랫폼을 매개로 하는 이런 긱 노동자(gig worker)는 애초에 이들을 이러한 노동으로 내몬 개인사, 고생, 불안정한 상황을 감추는 상표들을 경유해 원거리에서 접속한다. 긱 경제는 활동적이고 진취적이며 혁신적인 노동자에 대한 가치

부여를 바탕으로 한다. 하지만 이런 찬사가 피상적이라는 점은 긱 경제의 앱으로 돈을 벌고 있는 사람들에게만 찬사가 돌아간다는 사실로 여실히 드러난다. 어머니들, 혹은 어머니들이 직장에서 힘들게 일할 때 그들 대신 돌보는 일을 하는 사람들에게는 분명 이런 찬사가 쏟아지지 않는다. 긱 서비스와 비슷하지만 긱 경제 이전에 있었던 전통적인 택시 운전사나 배달부, 식당 접시닦이는 긱 앱들이 쏟아내는 지나치게 전문적이고 계층 이동적인 담론에 적합해 보인 적이 없다.

따라서 이 앱들은 첨단 기술 세계에서 젠더와 다양성 사안을 넘어서는 문제점을 드러낸다. 어머니의 지하실을 대신하는 앱들은 일과 생활의 균형, 효율성, 시간 관리에 대한 계층화되고 이성애 규범적인 집착을 보이면서 가부장제나 젠더화된 노동에서 당장 벗어날 수 있다고 제안한다. 적절한 앱만 있으면 돼! 하지만 이런 선전은 너무나 많은 여성, 유색인, 노동자가 생존을 위해 시작한 돌봄 노동의 불가피한 현실을 가린다. 어머니가 기반이 된 세계는 타인의 노동 착취를 바탕으로 하지 않는 재구성된 기술의 가능성을 방해한다. 또 돌봄 노동의 정치적 잠재력을 페미니스트 조직의 한 범주로 끌어들인다.

어머니의 지하실 앱들은 첨단 기술 산업에서의 여성 혐오와 인종주의가 다양성에 기반을 둔 채용 및 여성의 수용만으로 해결되지 않을 것임을 말해준다. 사피야 노블, 세라 T. 로버츠, 마리 힉스는 기술과 기술적 설계의 역사가 어떻게 인종주의와 여성 혐오를 유지하는 데 깊이 연루되었는지 밝히는 중요한 연구를

새라 샤르마

해왔다. 우리는 이 조합에 어머니의 지하실을 추가할 수 있다. 이런 앱들이 어머니의 지하실에서 등장했다는 점은 긱 노동의 계층화된 성격이 인식되지 않는 것처럼 보이는 이유를 설명해준다. 어머니의 노동은 평가 절하되어 있으므로 직접 할 가치가 없는 노동으로 포장하여 판매될 수 있다. 같은 이유로 예비 긱 노동자에게는 전통적인 돌봄 노동이 아니라 작업을 조합하고 조정하는 진취적이고 혁신적인 체계로 재포장해서 판매되어왔다.

　　우리가 사용하는 기기들 속에 어머니를 구축하는 것은 어머니가 떠나는 것에 대한 두려움을 반영한다. 이 두려움은 어머니의 지하실을 떠나는 두려움과 결합해 많은 남성이 어머니의 보살핌에 대한 의존을 떨치기 어렵다는 사실을 반영한다. 어머니가 더 이상 보살펴주지 못하거나 보살피지 않으려 하면 아마 새로운 기계—또는 기계가 아니더라도 기계를 통해 호출된 소외된 타인—가 그렇게 해줄 수 있을 것이다. 따라서 실리콘밸리의 탈-어머니 경제는 어머니를 제공하지 않은 채 어머니를 제공하는 한편, 더욱 깊이 자리 잡은 신자유주의적 착취 관계를 제시한다. 동시에 이런 방식은 앱 사용자들이 다른 사람들에게 지속 가능한 삶은 어떤 의미인지 생각하지 않은 채 사회적 세계에서 벗어날 수 있게 해준다 또는 벗어나도록 조장한다.

　　그런데 반사회적이지 않은 가부장제란 무엇인가. 무해하지만 현실 도피적인 매체(media)와 무기력한 은둔 따위의 반사회적 책략은 여성 혐오가 기술 산업의 방향키를 쥔 사람들을 이끌 수 있게 하는 요인이다. 기술이 자기 일만 신경 쓰며 조용히 혼자 있기

　　　　　　　어머니의 지하실에서 일하기

좋아하는 사람을 떠올리게 해서 반사회적인 것이 아니다. 기술은 자신과 맞지 않는 모두에게 적대적이기 때문에 반사회적이다. 기술 일을 한다는 것은 남에게 관심 없이 제 할 일만 한다는 뜻이 아니다. 마셜 매클루언에 따르면, 기술은 모든 사회적 삶이 펼쳐져 있는 사회적인 환경이라고 말할 수 있다. 그러나 우리는 아무 데나 갖다 쓸 수 있는 이 개념을 바로잡고 기술이란 적어도 그것이 모두에게 **적합(fit)**할 때 사회적인 것이라고 인식해야 한다. 매체 기술은 우리가 무엇을 할 수 있을지 그 한계를 설정한다. 기술은 젠더와 사회적 차이뿐 아니라 시간, 공간, 거리의 경험과 개념을 바꿔놓는다. 기술은 인간이 된다는 것 그리고 서로 관계를 맺는다는 것의 의미를 바꿔놓는다.

젠더가 첨단 기술에서 수행하는 역할은 수많은 방식으로 잘못 이해되고 있다. 이 주제를 꺼내면 거의 항상 첨단 기술 산업 내 여성들에 관한 반응이 나올 것이다. 산업의 내부자들은 기술이 **다른 유형의** 사람들이 그저 다르게 사용하거나 다른 식으로 접근하는 도구라고 이야기할 것이다. 따라서 '젠더화된 기술'이라는 개념이 단순히 표면적으로 젠더에 의해 생산된 기술 자원에 대한 다양한 접근을 그럴듯하게 설명하는 데에 이용될 수 있다. 이러한 가정은 인터넷이 여성, 성 소수자 혹은 그 외의 소외된 사람을 위한 해방 기술일 수 있다는 믿음을 활성화한다. 마치 인터넷이 이들이 긴밀히 협조하며 완벽하게 어울리도록 구성할 수 있는 백지상태인 것처럼.

새라 샤르마

'젠더화된 기술'의 다른 버전은 디자인과 홍보 등 마케팅을
통해 만들어진다. 예를 들어, 핑크색 아이폰을 만들고 어떤 식으로
여성의 몸에 맞추었는지 말한다(하지만 여성의 몸이 무엇을
'원하는지'에 관해서는 합의가 이루어지지 않았다. 더 작은 기기?
더 큰 기기? 아마도 더 둥근 기기?) 어떤 경우에는 이와 관련해
반발이 나오기도 하는데, 이때 기술은 여성의 심장을 고려하지
않는 심박조율기처럼 여성의 몸에 꼭 맞게 만들어지지 않았다는
점으로 비판을 받을 것이다. 그런 반응은 가부장제 사회의 핵심에
존재하는 명백한 역설을 보여준다. 성별 차이가 자연스러운
것이라고 주장한다면 왜 그렇게 많은 기술이 실제로 여성과
남성의 신체적 차이를 무시하는가? 답은 바로 그 주장이 오류이기
때문이다. 어머니의 지하실로부터 나온 기술은 결코 어머니를
지하실에서 해방시키지 못할 것이다. 이것은 통제와 권력의 유지에
관한 문제다.

첨단 기술 세계에 허둥지둥 여성을 포함시키는 현재의
추세로는 어떤 문제도 바로잡히지 않을 것이다. 그런 방법은 단지
면치레인 경우가 너무 많다. 그것만으로는 충분하지 않다. 첨단
기술 분야가 좀 더 공정한 기술적 미래를 준비하고 추진하는
체제 전복적 활동가들로 가득 차 있지 않다는 말이 아니다. 기술
산업은 테크브로들만 가득한 획일적인 기업군이 아니다. 하지만
미래는 보이는 것 그 이상에 달려 있다. 미래는 사회적인 것과
어떻게 돌봄을 통해 사회적인 것이 재생산되는지를 인식하는 매체
환경의 설계에 달려 있다. 첨단 기술 산업에서의 젠더와 다양성을

설명하는 것은 기술에 구축된 돌봄의 규범적 체제와 싸우는 것을 뜻한다. 우버를 이용하는 여성이 당하는 성폭력을 바로잡는 것만으로는 충분하지 않다. 우버와 완전히 다르고 더 나은 무언가가 만들어져야 한다. 어머니의 지하실은 여성 혐오를 위한 탐나는 공간이었고, 앞으로도 계속 그럴 것이다. 하지만 어머니의 지하실에 거주하는 사람들을 쫓아낼 수도 있다. 그 첫 번째 단계가 어머니에게 빚진 집세를 낼 기한이 지났음을 통보하는 것이다.

새라 샤르마

Aging into Feminism
—James Chappell

페미니즘으로 나이 먹기
—제임스 채펠

우리는 세계사적인 인구 변동의 한가운데에 있다. 몇 년 사이에 65세 이상 인구수가 5세 이하 인구수를 넘어설 것이다. 이런 상황은 인류의 근본적 변화이며, 어떤 문제를 제기한다. 우리의 윤리적·정치적 범주가 젊은이들의 세계에 맞게 설계되었기 때문이다. 플라톤 이후 철학자들은 교육에 아낌없이 관심을 준 반면, 말년의 보살핌 문제는 거의 전적으로 무시해왔다. 우리는 수 세기에 걸쳐 지금은 노화하여 사라진 사회적 세계를 어떻게 해석하고 형성할지에 집착해왔다.

이런 상황은 고령화되는 세계에 가장 적합한 지적·정치적 전통인 페미니즘에는 기회이다. 어쨌거나 페미니스트들은 자신을 완전히 돌보지 못하는 사람을 돌보는 노동의 가치를 정하기 위해 가장 많은 일을 해왔다. 하지만 이 전통의 초점은 주로 육아,

그리고 사회적 재생산(어머니 되기)과 경제적 생산(노동)의 이중 부담에 맞닥뜨린 여성들에게 맞추어져왔다. 이 과제는 아직 해결되지 않았다. 하지만 이것만으로는 충분하지 않다. 미래의 해방 페미니즘이란 것이 존재한다면 우리에게 아이를 기르는 법과 일하는 법뿐 아니라 바르게 잘 나이 드는 법도 가르칠 것이다.

　1900년, 스웨덴의 페미니스트 엘런 케이는 '어린이의 세기'가 도래했다고 선언했다. 그녀는 곧 인구가 폭발적으로 늘어날 것이고, 20세기는 새로운 학교와 군대에 빽빽이 들어찬 수백만 젊은이의 교육과 시민권에 관한 문제가 대두할 것이라고 내다보았다. 만약 엘런 케이가 출생률은 곤두박질치고 기대 수명은 급증한 우리의 새로운 시대에 이름을 붙인다면 '노인의 세기'라고 할지도 모르겠다. 지금은 새로운 방식의 사고, 새로운 유형의 페미니즘이 필요한 세기다.

　딜레마는 20세기에 부딪혔던 그것과 본질적으로 같다. 오늘날의 인구 변동에 부패한 시스템을 재생산하는 방식으로 대응할 것인가, 아니면 그러한 시스템에 이의를 제기하는 방식으로 대응할 것인가? 지금까지는 우리가 전자를 선택한 것처럼 보인다. 세계적 고령화에 대한 대응은 대체로 정치적이지도, 심지어 별로 창의적이지도 않고 오히려 기술 관료적이다. 더 효과적으로 설계된 연금 체계와 로봇식 개인 비서가 있다면 아마 노인들은 주의 깊게, 그리고 거대한 투자 연금 기금과 수익 기회를 창출하는 방식으로 관리될 수 있을 것이다.

　우리가 지구적 정의라는 이름으로 세계적 고령화를

활용하려고 시도할 때 최상의 도구는 기술 업체가 아니라 페미니즘 전통에서 나올 가능성이 높다. 노년은 주로 여성들에게 걱정거리인데, 이것이 고령화 문제가 결정적인 관심을 받지 못한 하나의 이유임은 분명하다. 전 세계적으로 여성이 남성보다 평균 수명이 길다. 경제적으로 안정된 나라에서는 약 4~7년 더 오래 산다. 동시에 노인을 돌봐야 하는 무거운 요구는 주로 여성에게 부과된다. 노인을 돌보는 일은 대부분 여성 가족 구성원이 수행하며, 이들에게는 자기 자식을 돌보는 일도 함께 맡겨진다. 흔히 그러하듯 이 여성만으로 역부족이면 노인들은 종종 가정 방문 요양사에게 의지하는데, 이들 역시 주로 여성이다.

　페미니스트들은 고령화 문제에 오랫동안 관심을 기울여왔다. 실제로 이 문제는 60대나 70대가 되면 언젠가 이 주제에 관해 책을 써야 하는, 페미니스트들의 지적 생활의 직업적 위기처럼 보인다. 시몬 드 보부아르와 베티 프리단은 모두 자신의 마지막 중요한 저서를 이 주제에 바쳤고, 많은 사람이 그 전철을 따랐다. 지난 몇 년 동안만 해도 린 시걸, 마사 누스바움, 바버라 에런라이크가 노년에 관한 책을 발간했다. 이들은 내면으로부터 나이 먹는 과정을 묘사하는, 필수적이고도 페미니즘적인 작업을 했고 몸의 변화를 이해하기 위한 노력에 대해 썼다. 하지만 이런 글들에서 결정적으로 부족한 부분은 진정으로 변화를 일으키는 상호 교차적인 프로젝트를 제시하지 않았다는 것이다. 어머니 되기와 직장에 대해 언급할 때 대개 냉철하고 급진적이던 이 저자들은 노화에 이야기할 때는 그와 같은 사회적 상상력을

　제임스 채펠

불어넣지 않았다.

　나이 듦에 대한 비판적 개입은 상호 교차적이어야 한다. 이 문제는 우리 사회에 존재하는 다른 모든 부정의의 매개체들과 겹치기 때문이다. 불공평한 건강 상태(health outcomes)와 한 세대의 유폐로 고통받는 미국의 흑인 노인은 백인 노인보다 홀로 나이 들고 제대로 보살핌을 받지 못하는 위기에 처할 가능성이 더 높다. 이 점은 허리케인 카타리나의 후유증에서 뚜렷하게 드러나는데, 당시 기후, 인종, 빈곤, 분리 문제가 서로를 심하게 악화시켰다. 그리고 2003년에 유럽에서 발생한 폭염에서처럼, 제방이 무너지면 움직일 수 없는 노쇠한 사람들이 가장 많이 위험에 노출된다. 피해자 대다수가 60세 이상이었다. 이들은 의학과 공공 보건의 발전으로 오래 살 수 있었던 수혜자들이자, 그러한 성공을 고려해 스스로를 개편하지 않은 사회의 피해자들이다.

　우리가 맞은 고령화의 위기는 노인을 무시하는 어리석은 젊은이들의 캐리커처로 축소될 수 없다. 그런 낡아빠진 클리셰는 중년의 자식이 자기 부모를 돌보는 거대한 위업을 수행하고, 나이 든 정치 지도자들이 노인 인구를 피폐하게 만드는 정책을 시행하는 세계와 맞지 않다. 문제는 우리가 잘 늙는다는 것의 의미에 대해 일관된 이해에 도달하지 못했다는 점이다. 미래의 페미니즘이 미래의 인구 통계에 대응해야 한다면 이러한 이해를 제시해야 한다.

　노인, 특히 여성 노인의 현 상태는 지속 가능하지도, 바람직하지도 않다. 자본주의의 현대적 형태들이 만들어낸 거대한 불평등이 우리 인생의 황혼기까지 이어진다. 이 말은 물론 우리 중 일부는 여가를 즐기고 인생을 돌아보는 편안한 노년을 기대할 수 있다는 뜻이다. 그 행복한 소수에 나와 많은 사람이 포함될 것이다―하지만 그렇게 확신해서는 안 된다. 애정 관계, 질병, 정치경제 등의 변수는 우리 중 가장 안정적인 사람도 재정적 파멸에 빠트릴 수 있다. 그러면 우리는 자금이 빈약한 연방 제도의 도움을 받는 생활 및 보호 프로그램들, 불법 노동자들이 하는 박봉의 노동, 여성 친척들이 하는 무급 노동을 구하려고 이미 다투고 있는 많은 사람의 대열에 합류할 것이다.

최근 이 주제를 다룬 두 권의 책이 이런 점들을 많이 보여준다. 괄목할 만한 취재서인 제시카 브루더의 『노매드랜드』(*Nomad-land*)와 나이 듦에 대한 새로운 접근 방식을 촉구한 활동가이자 조직가 아이-젠 푸의 『품위의 시대』(*The Age of Dignity*)가 그것이다. 전자는 자본이 노인을 어떻게 착취하는지 보여주는 반면, 후자는 같은 과정이 노인을 돌보는 사람의 삶을 어떻게 황폐화하는지 보여준다. 두 책은 엄청나게 길어진 수명은 신자유주의 논리의 적용을 받는다고 제시한다. 다른 부분에서와 마찬가지로 노인 문제에 있어서도 21세기의 메뚜기들이 20세기의 거대한 성공을 걸신들린 듯 집어삼킨다.

브루더의 『노매드랜드』는 집을 포기하고 밴에서 살기 시작한 놀라울 정도로 많은 노인의 삶을 기록한다. 엄밀하게 말하면 노숙자(homeless)이지만 이들은 자신을 "무주택자"(house less)라고 부르는 쪽을 선호한다. 이들 대부분이 복합적인 타격을 겪었는데,

제임스 채펠

이는 실업, 결혼 실패, 건강상의 불행이 주를 이룬다. 하나의 위기는 재정적 자원과 공동의 자원으로 충분히 처리할 수 있지만, 이 위기들은 서로 공모하여 이 충실한 중산층의 백전노장들을 끌어내린다. 브루더는 언론인의 시각으로 다채로운 인물들을 보여주는데, 린다 메이라는 활발한 여성이 가장 기억에 남는다. 메이는 애정을 담아 '스퀴즈 여관'(Squeeze Inn)이라고 부르는 낡은 노란색 밴에서 몇 년 동안 살고 있다. 그녀는 각양각색의 여성 동지들과 함께 터무니없이 낮은 임금을 받고 온갖 노동을 하며 서부를 가로지른다.

　메이와 친구들은 우리의 새로운 세기에 이상적인 노동력이다. 완벽한 기동성이 있고, 완벽하게 임시 고용이 가능하다. 쥐꼬리만 한 액수의 사회보장 수표를 생각하면 노동을 하지 않을 수 없다(노동을 해서 받는 기운 빠지는 액수의 임금을 감안하면 이런 상황은 특히 여성에게 문제다). 당신은 이들을 본 적이 있을 것이다. 박람회 때 티켓을 받거나 국립공원의 야영지를 청소하는 사람들 말이다. 이들은 외부에 위탁할 수 없는 하찮고 눈에 보이지 않는 노동을 한다. 놀랍게도 일부는 농사일도 하는데, 특히 중서부 지방의 사탕무 농장에서 일한다. 또 월마트의 주차장에서 잠을 자면서 이 회사의 경쟁사인 아마존을 위해 일하기도 한다. 아마존은 캠퍼포스(CamperForce)라는 프로그램을 통해 이동 생활을 하는 이 프레카리아트들을 자사의 전자상거래 기계에 투입한다. 거대한 창고에서 보내진 노구들은 보조 진통제로 기력을 얻어가며 터벅터벅 일한다. 그리고 휴일의 혼잡이 끝나면 이

'워캠퍼'(workamper)들은 자신의 밴에 올라타고 다시 길을 떠난다.

브루더의 책에 나오는 사람들은 시스템에 금이 가면서 추락한 것처럼 보일 수 있지만, 이렇게 생각하는 건 잘못일 것이다. 강력한 사회복지 프로그램이 없는 상황에서는 이것이 시스템이다. 이들은 우리의 공원에서 일한다. 이들은 백인 노인들이 주차장에서 자도록 암묵적으로 허락하는 치안 관례를 이용한다. 이들은 무엇이 되었든 자신이 받는 사회보장 수입에 부분적으로 의지하며 산다. 그리고 신경제의 선두에 서 있는 아마존 같은 정부 보조금을 받는 거대 기업들을 위해 일한다. 이들은 귀중한 약간의 보호와 자원을 제공하는 한편, 창의력과 힘을 요구하는 긱 경제에서 어렵게 일자리를 구한다. 이들은 신자유주의적 통합의 최첨단에 있다. 이들과 그 자녀들의 유일한 차이는 이들은 무언가 다른 것을 약속받았던 때를 기억한다는 점일 것이다.

브루더의 주인공들처럼 밴에서 사는 노인들은 비교적 소수다. 하지만 일반적인 예상과 달리 양로원이나 생활지원 시설에 사는 65세 이상의 미국인 역시 매우 소수로, 6퍼센트 정도밖에 되지 않는다. 대다수의 노인이 자기 집에서 계속 사는 쪽을 선호하거나 다른 선택권을 지니지 못한다. 이 경우 필요한 돌봄 노동은 대부분 가족이 수행한다. 돌봄 노동은 대개 딸들의 몫이며, 그 모든 정서적·재정적 비용에도 불구하고 아이를 돌보는 재생산 노동보다 훨씬 더 관심을 못 받는 일종의 젠더화된 돌봄 노동이다. 이 시스템 — 시스템이라는 이름을 붙일 만한 가치가 있다면 — 은 한계점에 도달하고 있다. 길어진 수명과 늦춰진 출산이 수백만 명의

제임스 채펠

미국인을 아이와 노년의 친지를 동시에 돌보는 소위 '샌드위치 세대'로 밀어 넣었다(일곱 명 중 한 명이 이 범주에 들어간다). 이들은 종종 그들의 경력과 행복을 엄청나게 희생하며 대개는 눈에 보이지 않는 영웅적인 돌봄 노동의 과업을 혼자 수행한다.

푸는 감동적인 저서『품위의 시대』에서 이런 유형의 노동을 세상 밖으로 끌어냈다. 푸는 '전국 가사 노동자 연맹'의 이사이자 미국의 장기적인 돌봄 활동을 개선하기 위한 캠페인인 '세대를 넘어선 돌봄'의 공동 이사다. 푸에 따르면 자애롭고 사랑받는 조부모라는 통념은 틀리지 않았다. 하지만 분명 불완전하다. 나이 든 부모와 닳아빠진 안전망에 직면한 미국의 수백만 가정이 돌봄 노동을 수행해야 하는 처지에 놓였다. 이 노동은 아이를 돌볼 때와 달리 사회적으로 가치가 평가되지 않고 새로운 사교의 장을 열어주지도 않는다. 노인을 돌보는 사람이 정부의 지원을 받을 수 있고, 자기 일자리를 계속 유지하는 최상의 경우라도 이 과제는 굉장히 힘들고 종종 사람을 소외시킨다. 그리하여 많은 사람에게 파국을 불러온다. 푸는 병든 부모를 돌보기 위해 직장을 그만두었다가 실업 수당을 받지 못하고 파산하는 사람들의 이야기를 들려준다. 노인을 돌보는 정신적 스트레스로 업무 능력이 떨어져 해고당하는 사람들도 있다.

치매에 걸리거나 가까이에 사는 가족이 없는 수백만 명의 노인에게 이 '시스템'은 쓸모가 없다. 그래서 가정 방문 요양 분야가 떠오르고 있다. 이는 미국에서 가장 빠르게 성장하는 분야 가운데 하나다. 현재 미국에는 약 200만 명의 가정 방문 요양사가 있는데

주로 유색인종 여성이며, 대개 불법 노동자이고, 자신의 건강은 돌보지 못한다. 가정 방문 요양사의 수는 앞으로 수백만 명 이상 늘어날 것이다. 이들의 노동은 샌드위치 세대의 노동처럼 국가의 건강과 행복에 필요하지만 마찬가지로 눈에 보이지 않는다. 푸의 책은 복잡한 가족 역학, 도저히 이해되지 않는 관료주의, 자신들의 힘든 삶을 조정하며 돌봄 노동을 하는 이민자들의 이야기를 다룸으로써 이 문제를 세상 밖으로 끌어냈다. 이들의 노동은 불안정하고 갖가지 가혹한 대우에 노출되어 있다. 이들 중 많은 사람이 고용자의 가정과 정서적으로 얽혀 있어서 보상을 받지 못하는 일까지 해야 할 것처럼 느낀다. 이들 중 거의 4분의 1에 이르는 사람이 최저 임금보다 낮은 보수를 받는다.

현재의 추세가 계속되면 '노인 붐'(elder boom)은 우리의 우울한 세기에 일어난 다른 사회적·인구학적 변화와 동일하게 대응될 것이다. 즉, 노인과 이들을 돌보는 사람들이 함께 불안정하고 젠더화된 조직되지 않은 노동을 수행하게 될 것이다. 브루더와 푸는 고령화를 다룬 다른 페미니스트들의 문헌들과 다른 방식으로 이런 상황을 명확하게 보여준다. 두 책의 주된 과제 중 하나는 몸과 돌봄과 관련된 숨겨진 이야기를 세상에 드러내는 것인데, 이런 방식은 오랫동안 페미니즘 실천의 기본 도구였다. 또한 두 책 또한 각각의 책에서 다룬 이야기들을 새로운 사회 변화 이론의 기초로 활용하려고 한다.

우리에게 필요한 것은 전 세계적인 고령화를 축복과 기회로 다시

제임스 채펠

틀을 짜도록 창의적이고 상호 교차적인 방식으로 노년에 대해 생각하는 것이다. 브루더와 푸는 각자 매우 다른 방식으로 이를 돕는다. 두 저자는 노인과 이들을 돌보는 사람들이 가장 절망적인 상황에서도 보여주는 활력, 에너지, 창의성에 경탄한다. 이들의 사례는 고통과 박탈의 이야기이지만 동시에 희망적인 이야기이기도 하다.

푸는 갖가지 과제에 부딪히면서도 조직을 이룰 시간과 에너지를 발견한 돌봄 노동자들의 광대한 네트워크에 활기를 불어넣었다. 나오미 클라인이 우리가 기후 위기를 새롭고 더 공정한 세상을 만들기 위해 이용하길 원한 것처럼 푸와 공동 연구자들은 변화하는 인류의 형태가 돌봄과 관심이 있는 새로운 공동체, 노인뿐 아니라 모두를 참여시키는 공동체 쪽으로 우리를 이끌 것이라고 낙관한다.

푸의 머릿속에는 많은 잠재적 해결책이 있다. 그녀는 가사 노동자들의 노동 단체를 요구하고 일부 프로젝트를 직접 지휘해왔다. 또 세대 간 공동체가 눈시울을 적시는 향수의 대상이 아니라 도시 계획의 대상이 되도록 할 혁신적이고 새로운 주택 공급 계획을 요구한다. 푸는 우리 중 많은 사람이 언젠가는 필요하게 될 가정 간호 비용을 지불하도록 세금에서 충당하는 보조금과 함께 사회 보장 제도의 극적인 확장을 요구한다. 하지만 결국 그녀의 생각은 단순하다. 점점 더 많은 일자리가 자동화되어 사라질 것이고, 조직되고 성취감을 주며 적절한 보상을 받는 돌봄 노동이라는 새로운 기회를 노인 인구가 열어젖히리라는 것이다.

페미니즘으로 나이 먹기

돌봄 노동에 대한 적정한 가치 책정은 돌봄을 받는 사람에게도 분명 혜택을 주겠지만 푸의 생각은 기본적으로 돌보는 사람을 위한 비전이다. 반면 브루더는 새로운 생활 방식을 만들려는 노인들의 시도에 더 관심을 기울인다. 브루더의 책에 나오는 인물들은 종종 좌절의 순간에 부딪힌다. 매우 고된 노동을 하는 데 반해 이동 생활을 하며 의료 서비스를 받기가 현실적으로 어려울 때 특히 좌절을 느낀다. 하지만 독자들이 일반적으로 받는 인상은 메이와 친구들이 놀라울 정도로 활기차고 창의적이라는 것이다. 요점은, 이들이 '젊어' 보인다는 것이 아니라 매력적으로 나이 들어 보인다는 것이다.

　　메이는 특히 힘을 타고난 사람으로, 자신을 쇠락한 여성이나 닳아빠진 미국의 실험의 희생자로 정의하길 거부한다. 브루더의 많은 주인공과 마찬가지로 메이는 자신을 새로운 아메리카 드림을 구축한 개척자로 보아주길 원한다. 우리는 그녀가 겪는 곤경을 미화하지 말아야 하지만 동정해서도 안 된다. 메이와 동료들은 온라인과 사막에서 반소비주의 가치에 몰두하는 준(準)-유토피아적 공동체를 이룬다. 이들은 책과 기술의 지하경제를 이룬다. 새로운 우정을 쌓고 사랑에 빠진다. 다시 말하면 이들은 줄 것이 많다. 그래서 불안정한 생활에 그토록 많은 에너지를 쓰고 착취적인 노동 환경에 놓인 우리가 더 군색한 생활을 하는 건 아닌가 하는 생각이 들 수도 있다. 『노매드랜드』는 결국 경제적 배제의 잔해 속에서 새로운 유형의 삶을 만들어가는 것에 대한 책이다. 메이에게 불황은 재창조, 그리고 탈진한

　　　　　　　　　　　제임스 채펠

자본주의가 약화한 자유와 공동체의 회복을 위한 기회가 될 수 있다.

지금 70세인 노인들이 1968년에 스무 살이었다는 점을 기억해야 한다. 적어도 그들 중 일부는 한때 젊음에 대해 그랬던 것처럼 나이 듦의 이미지를 다시 만들고 정치화하려고 노력 중이다. 즉, 공정하고 지속 가능한 방식으로 나이 먹는 법에 관한 새로운 생각이 오늘날의 노인들에게서 나올 수 있고 실제로 이미 그렇게 되고 있다. 탄소 집약도가 높은 생활을 하고 있지만 브루더의 많은 주인공은 땅에 의지해 살길 원한다. 전통적인 집에서 살던 과거를 포기한 것이 이들 모두에게 개인적 비극이었지만, 한편으로는 '집'의 본질에 대해 다시 생각하는 계기가 되었다. 그리고 그 과정에서 우리 모두가 어떻게 기후를 파괴하지 않고 80년을 살 수 있을지 상상하기 시작했다. 예를 들어, 메이의 스퀴즈 여관에는 그녀가 제안하는 미래의 집에 관해 기록한 공책과 계획서가 가득하다. 주로 폐기물로 지어져 자급자족이 가능하고 친환경적인 이 집은 어스십(Earthship)이라고 불린다. 아이디어는 메이와 같은 세대인 70대의 선구적인 친환경 건축가인 마이클 레이놀즈에게서 얻었다. 브루더의 책은 어스십을 현실로 만들려는 메이의 분투로 끝을 맺는데, 독자들은 궁금해진다. 메이의 분투는 실제로 우리 모두의 것이기에 판단이 조심스럽고 그 결과는 아직 알 수 없다.

브루더와 푸는 '노인의 세기'와 씨름하는 페미니스트로 향하는 길을 적절하게 가르쳐준다. 두 사람은 노년에 관해 생각하거나 직접 겪는 것이 암울할 필요가 없다는 점을 상기시킨다. 노인 붐에

페미니즘으로 나이 먹기

대한 해결책이 단지 의학적이거나 보험과 관련된 것만은 아니다. 이 해결책들은 정치적이기도 하다. 우리는 종종 노년을 일종의 사춘기의 비딱한 동반자라고 생각한다. 경제적 보살핌에서 벗어나 마침내 우리가 항상 되고 싶어 한 사람이 될 수 있는 시기다. 이 문제의 틀을 이렇게 짜면 궁극적으로 집단적인 문제에 대한 집단적 해결책들을 가려버린다. 우리 앞에는 두 개의 길이 있다. 하나는 익숙한 길로, 노인들을 희생시켜 아마존의 CEO인 제프 베조스의 주머니를 두둑하게 채워주는 것이 포함된다. 다른 하나는 아직 가지 않은 길로, 서부로 이어진다. 베조스가 우주선에 수십억 달러를 쏟아붓는 동안 메이는 애리조나주의 사막에서 끈기 있게 폐기물을 모으고 매우 다양한 방식으로 기술을 이용하고 있다. 언젠가 메이의 어스십이 지어진다면 우리의 퇴락하는 시스템의 잔해들을 새로운 무언가로 바꾸는 데 도움이 될 것이다. 우리 앞에 놓인 잿빛의 뜨거운 세기에 알맞은 서식지가 그것이다.

제임스 채펠

A History of Cyborg Sex, 2018~2073
—Cathy O'Neil

사이보그 섹스의 역사, 2018~2073
— 캐시 오닐

많은 사람이 모르는 사실이지만, 우리는 한때 사이보그 섹스는
나쁜 것이라 생각했다. 2010년대로 거슬러 올라가 보면 저명한
학자들이 섹스 로봇은 남성에 의해, 남성을 위해 만들어졌다고
심각하게 우려했다. 여성의 몸을 대상화하고 성적 만족과 폭력을
위해 이용할 수 있다는 생각이 사이보그 섹스 때문에 더 강화될
것이라는 게 중론이었다.

　　실제로 초창기 섹스 로봇과 인형이 보여준 증거들은 매우
걱정스러운 수준이었다. 수많은 남성 고객이 나타났고, 로봇은
대개 젊고 수동적인 백치미 여성을 흉내 내어 만들어졌다.
남성들은 심지어 '실제' 아내와 '로봇' 아내를 구별하지도 못하게
되었고, 한편에서는 로봇 애인이 등장함으로써 '결혼 시장'에서
여성이 더 큰 불균형에 맞닥뜨릴 것이라고 걱정했다. 여성이

케케묵거나 여성 혐오적이거나 심지어 폭력적인 연애관계에 안주하게 될 것이라는 걱정이었다.

요컨대 사이보그 섹스의 등장은 불안정을 초래할 것이라 여겨졌고, 권력은 남성 쪽으로 더 기울 것이라는 게 대체적인 예상이었다.

그러나 50년이 넘게 지난 지금, 호기심으로 충만했던 그 출발점은 현재 우리가 사이보그 연인들과 맺은 관계의 실제 모습과는 터무니없을 정도로 동떨어져 있다. 사이보그 섹스의 진화가 이런 상황을 설명해준다.

1단계: 우리 모두는 어떻게 사이보그 친구를 얻었는가?

사이보그 친구는 원래 엘리트들의 장난감이었다. 설계와 제작에 많은 돈이 들었기 때문이다. 하지만 10년 후 우리가 사이보그 친구들이 '사회 위생 훈련'에 효과적이라는 것을 알게 되면서 이는 곧 모든 초등학생의 필수품이 되었다.

물론 이에 대해 다양한 정당의 합의를 얻는 일이 쉽지는 않았지만 그 성과는 자명했다. 사이보그들은 미적분부터 애국심에 이르기까지 모든 부문에서 학생들을 훈련하는 데 대단히 효과적이었고—이전의 어떤 방법보다 나았다—이때가 공공교육의 최종적 민영화를 마지막으로 추진하고 있던 시기임을 고려하면 사이보그 친구들은 양당 간의 놀라운 거래였다고 할 수 있다.

모든 초등학생에게 사이보그 개인 가정교사를 제공할 자금을 마련하는 힘든 문제도 베조스클라우드(BezosCloud, 제프 베조스가 은퇴한 뒤 그 자리를 물려받은 최적화 엔진)의 협조로 해결되었다. 베조스클라우드는 관련 데이터를 전부 얻는 대가로 모든 남성, 여성, 아이에게 사이보그를 공짜로 선물했다. 세계의 공급망을 장악하고 있는 베조스클라우드에 대한 독점 금지 조치를 연기하기로 한 암묵적인 합의도 있었다.

알렉사, 구글 어시스턴트, 시리를 이용하면서 자란 아이들에게는 전환이 쉬웠다. 이 아이들은 사람들이 서로 관계를 맺는 것처럼 사이보그 가정교사와 무리 없이 관계를 맺을 수 있었다. 부모들은 새로운 합법적 마리화나와 '친해지기' 위한 혁신적 치료 수업의 도움을 받아 결국 사이보그를 사용할 줄 알게 되었다.

결정적으로, '공통 플랫폼'이 협상되어 독립된 엔지니어와 디자이너 들이 사이보그를 수정, 통제할 수 있게 되었다. 상황이 정말로 성공적으로 흘러간 것은 이때부터였다. 사이보그 친구가 교사, 친구, 그리고 마침내 연인으로 진화한 것이다.

2단계: 오아시스

지금은 알기 어렵겠지만 역사를 공부하는 학생들은 2050년대까지 남성이 폭력적이라고 여겨졌다는 점을 이해해야 한다. 주류 텔레비전 프로그램과 영화 속 액션 장면과 싸우는 장면은 매우 강하게 표현되었다. 대부분의 사람이 불확실한 세계에서 신체적 근력이 우리가 느끼는 연약한 무기력함을 보호하는 역할을 한다고 실제로 믿었기 때문이다. 물론 지금의 우리는 이런 생각이 굉장히

캐시 오닐

잘못된 비유라는 것을 알고 있지만, 남성적 폭력의 위협은 한때 성과 권력의 역학을 이해하는 결정적 요인이었다.

자기 소유의 로봇 친구와 가정교사가 생겼을 때 사람들에게 나타난 대체로 예상치 못한 중요한 결과는 여성이 남성으로부터 안전을 확보했다는 점이다. 여기에 관한 데이터는 쉽게 얻을 수 있고, 또 확실했다. 로봇과의 성관계가 실제 남성과의 성관계보다 **훨씬** 더 안전했다.

성 산업(그때까지는 모든 유명인)을 통한 폭넓은 훈련을 포함하여 얼마간의 조정을 거친 뒤 성관계는 여성이 이전에 경험했던 어떤 것보다 나아졌다. 성관계에 긍정적인 새로운 환경이 조성되어 젊은 여성들이 자신이 즐기는 것과 그렇지 않은 것을 발견하도록 독려받고 그런 욕구를 안전하고 편안하게 표현할 수 있다고 느꼈다.

이런 교육과 탐구의 자유는 성 소수자에게도 마찬가지로 가치가 있었다. 이제 모든 사람에게 방과 후나 퇴근 후에 자신이 어떤 유형의 해피엔딩 메시지를 원하는지 발견할 권한이 주어졌기 때문이다. 불편하거나 불쾌한 성적 접촉에 관한 이야기는 역사의 잿더미로 사라졌다.

당시에 만연하여 엄청난 피해를 주던 직장 내 성희롱 역시 급격하게 줄었다. 사이보그 친구들이 출근해 동료들 사이에 일어나는 모든 일을 기록하여 그들을 관리자, 법무장관, 사장 등으로부터 보호했다. 여성은 처음으로 그들이 받아 마땅한 보수를 받았다.

사이보그 섹스의 역사
2018~2073

3단계: 사이보그 섹스 중독의 시대

사이보그 섹스는 성매매 종사자가 제공하던 것과 거의 같은 것을 제공하면서 시작되었지만 — 요구가 있으면 언제든 이루어지고 무료라는 점만 제외하고 — 시간이 지나면서 사람들은 더 많은 것을, 그리고 아이러니하게도 더 적은 것을 요구했다. 한때 불가능해 보이던 것 — 하나의 알고리즘이 진정한 욕구를 충족시킬 수 있다 — 이 현실이 되었다.

에로티시즘과 욕구에 대한 실질적이고 구체적인 지식은 그전까지는 대체로 입증할 수 없는 일화로 존재하거나 치료의 대상이었지만, 이제 세계에서 가장 큰 단일 데이터 시스템이 되었다. 여기에서 중요한 시사점은 무슨 일이 일어날지 — 그리고 사이보그로부터 정말로 만족을 얻을지 — 모른다는 것이 욕구의 열쇠였다는 것이다.

물론 대개의 경우 실제로 만족을 얻는다는 점은 도움이 되었지만, 이 단계에서는 낮은 보수를 받는 가상의 성매매 노동자 집단인 유명한 메커니컬 섹스 터크 서비스(Mechanical Sex Turks, 지적 노동력을 사고파는 아마존 메커니컬 터크[Mechanical Turks] 서비스의 패러디 — 옮긴이)가 베조스클라우드에 콘텐츠를 더했다.

재력과 기회가 있는 꽤 많은 여성이 당연히 자신의 로봇 친구를 남자친구나 남편보다 선호하기 시작했을 것이다. 여성들은 일부러 먼 거리를 돌아 직장에 출근하기 시작했고, 자율 주행차의 뒷좌석에서 섹스 사이보그가 구강성교를 해주었다(또는 거부했다). 이 시점에서 자율 주행차는 피해자 없는 죄의 표준적인 사적

캐시 오닐

공간이 되었다.

상당수의 여성이 인간 남성에 대한 관심을 완전히 잃어버렸고,
특히 로봇이 완전히 기능적이 되고 우편 주문한 정자를 맞춤
사양에 주입할 수 있게 된 뒤부터는 더욱 그러했다. (사이보그용
남성 성기 부속품은 이 무렵 선택적이 되었고, 심지어 다소
드물어졌다. 이들의 존재는 여성이 임신을 시도할 가능성이 있음을
암시했다).

남성의 앞길은 쉽지 않았지만 이번에도 괴롭지는 않았다.
어쨌거나 남녀가 평등했기 때문이다. 남성을 포함한 모든 사람이
짜릿한 성 경험을 제공하도록 맞춤화된 포르노 알고리즘에
따라 훈련받은 자신의 섹스 로봇을 이용할 수 있었다. 하지만
이는 여성을 재산으로 보는 것이 남성적 이상이었던 때로 회귀한
형태였다.

솔직히 남성이 잃을 것이 더 많기는 했다. 그럼에도 어쨌든
남성이 여성의 몸에 권리가 있다는 의식은 사이보그 섹스 혁명이
일어나는 동안 빠르고 완전하게 제거되었다.

임신이 가능한 로봇 아내가 없었다는 점을 고려하면 적어도
아이를 원하는 남성이 해야 할 일은 분명했다. 그들은 이제 실제
여성들에게 간청을 해야 하는 신세가 되었다.

더 젊은 남성의 경우 재사회화와 재훈련이 비교적 쉬웠다.
즉, 남성들이 침대 안과 밖에서 로봇들과 겨루도록 훈련시켜주는
산업 — 당시 정교하던 VR 게임 산업의 하위문화 — 이 등장했다.
자율 주행 택시에는 "VR에서 연습해보게나, 친구!"라는 광고가

사이보그 섹스의 역사
2018~2073

붙었다.

'섹스 점수'가 생겨나면서, 동의 개념을 잘 이해하고, 기막힌 퀴노아시금치 프리타타를 뚝딱 만들 줄 아는, 눈과 손의 협응 능력이 뛰어난 능수능란한 수컷 공작들에게 특권이 주어졌다.

어떤 남성들은 완전히 백기를 들었다. 소위 여성 없이 사는 남성들, 앙심을 다스리면서 정체성을 꽁꽁 싸맨 남성들이었다. 이들은 심지어 정자은행 산업을 보이콧하는 투쟁을 시도했으나 소용없었다. 이런 남성의 정자를 공여받길 원하는 사람은 없을 것이 뻔했으므로 보이콧 캠페인은 실패로 돌아갔다. 이미 자신이 원하는 모든 것을 가진 여성들은 별로 신경도 쓰지 않았다.

분명 젠더와 성적 지향에 상관없이 인간애의 조각은 남아 있었다. 이들은 때때로 사이보그 친구 없이 직접 만났다. 하지만 그 수는 전체적인 힘의 균형에 소소한 영향밖에 미치지 못할 정도로 적었다.

4단계: 섹스 점수의 하락, 섹스 치료의 부상
여성이 이끄는 공학 및 디자인 팀(이 무렵 공통 플랫폼에 대한 창의적 기술들이 완벽하게 갖추어졌다)의 도움으로 여성들과 남성들은 성 정체성에 대해 철두철미한, 그리고 때로는 모든 것을 쏟아붓는 탐색을 시작했다.

사이보그 섹스 치료는 인간 사이의 권력 역학과 만연한 정체성 및 젠더 문제를 다루는 실험적 이야기를 구성하는 것으로 시작되었다. 대부분의 경우 이 이야기들은 유명인이 등장하는

캐시 오닐

극단적인 형태를 띤다. 당신은 책상 아래에서 빌 클린턴에게 구강성교를 해주는 모니카 르윈스키가 될 수 있다. 그런 다음 위치가 바뀌어 모니카가 책상에 앉아 있고 빌이 아래에 있을 수 있다. 당신은 트럼프의 엉덩이를 때리는 스토미 대니얼스가 될 수도 있고, 책상 아래에서 오바마에게 구강성교를 해주는 트럼프가 될 수도 있다.

이 모든 성적 유희는 권력관계의 양쪽 모두에 대한 깊은 공감이라는 예상치 못한 부작용을 낳았다. 남성은 두려움 혹은 강압을 느꼈다. 여성은 위협적이고 힘이 있다고 느꼈다. 젠더는 플라스마까지는 아니라도 유동성을 넘어 기체 상태가 되었다. 그리고 공유된 인간애는 가상현실 속 사이보그 섹스의 가장 탐구적인 다음 단계를 이끌었다. 이제 개념들이 에로틱해지기 시작했다.

당신은 젠더를 넘어, 동물 왕국을 넘어 태양과 성관계를 맺는 달이 될 수 있고, 단세포의 오르가즘 증식 혹은 꽃의 수분 작용에서의 황홀감을 경험할 수 있다.

5단계: 현재

우리는 이 치료 단계에서 모든 사람이 자신이 원하는 방식으로 만족스럽게 성관계를 맺고 소중히 여겨지는 세계로 왔다. 마침내 젠더가 진정으로 무의미해졌다. 불평등이 여전히 존재하긴 하지만, 권력 불균형의 지배 성향은 사라지고 있다.

여기에서 엄청난 아니러니는 사람들이 사이보그와 더

결합되었지만 자신이 보살핌을 잘 받지 않는다고 느낄 때
비인간적이 되었다는 점이다. 그러다 마침내 사회는 누구나 좋은
삶의 일부로 좋은 섹스를 할 자격이 있지만 꼭 사람을 상대로 할
필요는 없다는 결론에 도달했다.

특정 젠더가, 아니 인간이 그 역할을 수행하리라고 기대하지
않게 되면서 타인과의 상호작용은 향상되었다. 우리는 서로에게 덜
요구한다. 그러나 가상이나 현실에서 더욱 연결되어 있다. 요컨대
우리는 사이보그와 더 완벽하게 결합되면서 더 인간적이 되었다.

캐시 오닐

When Gays Wanted to Liberate Chilren
—Michael Bronski

동성애자가 아이들을 해방시키고 싶을 때
—마이클 브론스키

1972년, '보스턴 게이 해방 전선' 회원들은 마이애미로 차를 몰고
가 민주당 전당대회에서 열 가지 요구가 담긴 유인물을 나눠
주었다. '보스턴 게이 해방 전선'은 1969년 스톤월 항쟁이 일어난
이후 결성된 가장 중요한 동성애자 해방 단체 중 하나였다. 퀴어에
관한 새로운 정치의식과 페미니즘, 분노의 도가니에서 탄생한 그
선언문은 현재 우리가 성 소수자 정치로 개념화하는 정도를 훨씬
넘어설 정도로 폭넓은—오늘날이라면 상호 교차적이라고 말할
수 있는—유토피아적 정치 비전을 표명했다. 예컨대 첫 번째 요구
사항은 이러했다. "생물학을 기반으로 한 차별을 끝내라. 어떤
정부 기관도 피부색, 나이, 성별을 기록해서는 안 된다. 생물학이
법적으로 특별히 불리한 조건이나 특권의 기반이 되어서는 안

된다."

'게이 해방 전선'의 요구들은 45년이 지난 지금도 논란의
여지가 있지만, 대부분 오늘날의 정치 담론에서 볼 수 있는
것들이기도 하다. 이 단체는 미국의 제국주의를 끝내고 성
정체성을 기반으로 한 차별을 막고 경찰을 해체하길 원했다.
이 사안들은 모두 지금도 좌익의 많은 급진주의자가 요구하는
것들이다. 그러나 여섯 번째 요구는 오늘날 수많은 활동가조차
무책임하고 기이하며 위험하다고 생각할 것 같다.

> 아이를 기르는 것은 공동체 전체의 책임이 되어야 한다.
> 부모가 '자신의' 아이들에 대해 가지는 어떤 법적 권리도
> 사라져야 하며, 아이들은 자신의 운명을 자유롭게 선택할 수
> 있어야 한다. 게이와 레즈비언이 육아 책임을 공유할 수 있는
> 24시간 무료 보육 센터가 설립되어야 한다.

집단 육아? 법적으로 해방된 아이들? 다른 사람의 아이들의
육아를 돕고 더 나아가 롤 모델이자 도덕적 본보기 역할을
하는 동성애자? 이 구상이 바로 보수주의자들이 진보적
'사회공학'(social engineering)의 붉은 깃발을 경고할 때
두려워했던 것, 소련의 주입식 탁아의 동성애자 버전이 아닌가?

아니면 마침내 여성을 사회적 재생산이라는 부담에서
해방시키는 한편, 아이들이 자신의 성적 지향을 탐구하면서
겁먹거나 부끄러워하지 않는 독립적 존재로 기능해도 안전한

동성애자가 아이들을
해방시키고 싶을 때

사회를 만드는 유토피아적 구상인가?

아동기의 성격에 관해서는 적어도 18세기부터 왕성한 논의가
이루어져왔다. 아이들이 천성적으로 선한지, 개방형 노동시장에
알맞은지, 혹은 표준화된 교육이 필요한지의 문제는 수 세기에 걸쳐
양극화된 이견을 이끌어낸 반면, 아이는 어른의 보호가 필요하며
상대적으로 적은 기본권이 주어져야 한다는 아동 온정주의(child
paternalism)에 대해서는 대부분의 개혁가가 그 수준에 대해서는
의견이 달랐지만 당연하게 생각했다.

1960년대 후반에 일어난 아동해방운동은 이전의 많은
개혁이 아무리 진보적이었다 해도 그 모든 상황으로부터의 극적인
탈피였다. 아동 온정주의를 부인했기 때문이다. 성인이―히피와
급진적 페미니스트부터 흑인과 동성애자에 이르기까지―더 큰
개인적 자유를 추구하던 문화적 시기에 청소년들이 자신들을
법적 평등과 사실상 해방을 누려야 마땅한, 억압받는 소수로
규정하는(혹은 규정받는) 것은 시간문제일 뿐이었을 것이다.

급진적이던 1960년대만 생각해봐도 아동 해방은 결코
과격한 생각이 아니었다고 인정하기는 어려울 수 있다. 폴 굿맨의
베스트셀러 『바보 어른으로 성장하기』(Growing Up Absurd)는
아이들이 미친 듯이 날뛰는 자본주의의 최초의 피해자에 속한다고
제시한 반면, 같은 해에 나온 A. S. 닐의 진보적 교육 논문인
『서머힐』(Summerhill)은 아이들이 민주적 활동가 역할을 하고
분별 있는 사회적·성적 선택을 할 수 있을 뿐 아니라, 자신의
학교는 이미 수년 동안 이를 촉진해왔지만 어떤 부작용도 없었다고

마이클 브론스키

밝혔다. 1962년에 영국에서 나온 중세 연구가 필리프 아리에스의
『아동의 탄생』(Centuries of Childhood)도 '아동기'에 대한
현대의 개념 ─ 세상으로부터 보호받아야 하는 ─ 이 핵가족과
마찬가지로 최근에야 생긴 사회 구성 개념임을 보여 주면서 비슷한
돌풍을 불러일으켰다. 아리에스는 대부분의 역사 내내 가장 어린
아이들을 제외하고는 세계의 모든 아동이 성인과 마찬가지 역할을
했음을 보여주었다.

　　『서머힐』은 1960년과 1970년 사이에 200만 부가 넘게
팔렸고, 굿맨의 『바보 어른으로 성장하기』는 출간하고 처음 몇 년
동안 10만 부 이상이 팔려나갔다. 해방의 정치적 언어가 재빨리
이론과 추측을 대체했다. 1970년대에는 데이비드 고틀리브의
『아동 해방』(Children's Liberation), 비어트리스와 로널드
그로스의 『아동 인권 운동』(The Children's Right Movement)을
포함하여 적어도 열다섯 권의 일반 대중용 도서들이 아동의
권리와 해방이라는 개념을 널리 알렸다.

　　이런 개념들은 여성 해방이라는 새로 등장한 담론과
결합되면서 더욱 급진적인 전환을 맞았다. 예를 들어 슐라미스
파이어스톤은 획기적인 저서 『성의 변증법』에서 신체적 재생산
자체가 여성 억압의 핵심이라고 주장하면서 출산을 대체할 새로운
기술들을 요구했다. 또 아이들이 가부장적인 가족 체제에서
고통받는 억압된 계층이라고 주장했다. '아동기를 없애자'라는
제목의 장에서 파이어스톤은 '아동기'라는 범주와 '아동기의
순수'라는 개념은 여성에 대한 억압을 강화하기 위해 성인 남성이

동성애자가 아이들을
해방시키고 싶을 때

만들어낸 것이며 핵가족도 여기에 영향을 미쳤다고 주장했다.
케이트 밀릿은 한 발 더 나아가 1984년의 소논문 「정치를 넘어서:
아동과 섹슈얼리티」(Beyond Politics: Children and Sexuality)에서
아동의 억압은 이들에게 성적 지식을 허락하지 않는 것에
분명하게 뿌리를 두고 있다고 주장했다. "아이들에게는 성
자체가 범죄로 제시된다. 성인은 이런 식으로 아이들을 통제하고
섹슈얼리티를 금지한다. 이런 통제가 오랫동안 계속되어왔고 이는
성인에게는 대단히 중요한 문제다."

　　동성애자 해방주의자들은 여성 해방 운동에 자극을 받았고,
많은 사람이 자신들의 활동에 아동기와 교육이라는 주제를
포함시키길 원했다. 하지만 이들은 단순히 아동에 대한 이론적
관심을 표현했다는 이유로 소아성애자라는 딱지가 붙을 위험에
직면했다. 당시에는 어쨌거나 게이는 미국 중산층 대부분에게
여전히 변태성욕자로 여겨졌기 때문이다. 일부 동성애자 저자들은
동성애자가 알고 있고 대부분의 이성애자가 필사적으로 부인하려
애쓰는 사실, 즉 동성애자 아동이 있다는 것을 인정함으로써
맞섰다. 동성애 해방론자들은 성인 여성과 남성이 동성애를
'선택'한다거나 퇴폐적인 성인의 꼬임으로 동성애에 빠져든다는
통념에 맞서 아이일 때부터 동성애자였던 자신의 이야기를
들려주고—케이트 밀릿과 맥을 같이 하여—성적 억압과 성적
지식의 부재가 어린 시기의 동성 간 행동(same-sex activity)보다
훨씬 더 위험하다는 점을 이론화했다. 칼 위트먼은 스톤월 항쟁
한 달 전에 발표한 「동성애자 선언문」(The Gay Manifesto)에서

　　　　　　　마이클 브론스키

다음과 같이 썼다.

> 아동의 착취에 대한 논평: 아이들은 스스로를 돌볼 수 있고
> 우리가 인정하고 싶은 것보다 훨씬 더 일찍 성적 개념이
> 자리 잡힌다. 사춘기 초기에 성관계 대상을 찾아 쏘다니기
> 시작했던 사람이라면 이 점을 분명 알고 있다. 그리고 우리가
> 그렇게 했던 건 더러운 늙은이들에 의해 타락해서가 아니었다.
> …아동 성추행에 대해 말하자면 이성애자 남성이 어린 소녀를
> 추행하는 경우가 압도적으로 많다. 아동 성추행은 결코
> 동성애자의 문제가 아니며, 성관계에 반대하는 금욕주의에서
> 나온 좌절이 원인이다.

동성애자 아동의 존재에 대해 말하는 것만으로도 많은 동성애
혐오의 정곡을 찌른다. 어릴 때 동성애적인 성적 욕구를 느꼈다는
동성애자 성인들의 증언은 동성애와 과감한 정치적 전략에
관한 대중적 논의에서 새로운 국면이었다. 실제로, 10대와 아동
동성애자의 존재가 명명되자—새로 등장한 아동 해방 운동의
맥락에서—정치적 조직화에 즉각적인 영향을 미쳤다. 스톤월 항쟁
직후 많은 동성애자 해방 단체가 전국적으로 퍼지면서 청소년 성
소수자들도 조직화를 시작했다.『뉴욕의 동성애자 해방 젊은이
운동』(*The Gay Liberation Youth Movement in New York*)에서
스테판 L. 코헨은 10년 동안 미국에서 청소년 성 소수자가
설립하여 운영하고 있는 최소 30개의 단체들을 정리했다.

150

더 급진적인 이론가들은 중산층 가족이 아이들의 섹슈얼리티를 억압한다는 개념을 일단 받아들이면 논리적인 다음 단계는 핵가족 폐지와 게이와 레즈비언이 육아에 관여할 수 있게 요구하는 것이라고 느꼈다. 이념적 순수성 때문에 다소 극단적이 되긴 했지만 육아 문제에 개입하는 정치 운동의 기본 개념이 당시에 과한 것은 아니었다. 다른 정치 운동들은 이미 아동 및 세계에서 아동의 위치를 어떻게 개념화하는지의 문제를 다루고 있었다. 예를 들어 블랙 팬서스(Blank Panthers)는 자체적인 수업 및 방과 후 프로그램을 시작했고, 무료 아침식사 프로그램으로 공공교육 체계에 침투했다. 주류 페미니스트들과 급진적 페미니스트들은 페미니스트 탁아 센터를 열기 시작했고, 남녀 차별이 없는 아동 도서들을 발간했다. 가장 유명한 것으로는 1973년에 나온 말로 토머스의 삽화책과 남녀평등을 내세운 음반 「자유롭게⋯ 당신과 내가 되기」(Free to Be⋯You and Me), 인형을 가지고 싶어 하는 소년과 이를 몹시 싫어하는 아버지의 이야기가 담긴 샬럿 졸로토의 그림책 『윌리엄의 인형』(*William's Doll*)을 들 수 있다.

레즈비언과 게이가 육아를 도울 수 있어야 한다는 주장은 전통적 가족 형태를 변화시키는 것에 대한 급진적 비전을 반영했으며, 아이뿐만 아니라 성인을 온전하게 만들고자 하는 목표와 연관되어 있었다. 실제로 많은 활동가가 사회의 다음 세대를 기르는 데 참여할 때에야 비로소 충분한 시민의 권리를 누릴 수 있으리라고 생각했다.

마이클 브론스키

이런 입장은 동성애자 성인들이 성 정체성이 드러나 가출한 아이들을, 특히 뉴욕의 웨스트 빌리지(West Village)와 샌프란시스코의 카스트로(Castro) 같은 동성애자 거주 지역에서 수년간 길러왔음을 공식적으로 인정하는 것이었다. 스스로의 선택 혹은 어쩔 수 없는 상황 때문에 집을 잃은 동성애자 아이들이 이런 동네로 모여드는 경향이 있었고, 이곳에 살던 동정심 있는 성인들이 이들을 종종 거두었다. 예를 들어, 1970년에 실비아 리베라와 마샤 P. 존슨은 맨해튼에 노숙하는 트랜스젠더 아이들이 지낼 쉼터를 세우기 위해 '거리의 트랜스들 행동하는 혁명가들'이라는 단체를 결성했다. 1950년대와 1960년대에 나이 든 게이가 새로 커밍아웃한 게이를 지도하거나 조언하는 일을 맡으면 "어머니"라는 호칭으로 불렸다.

이 호칭은 1970년대 초에 '동성애자 가족'에 널리 퍼져 있던 개념, 즉 생물학적 가족처럼 서로를 부양하는 종종 여러 세대로 이루어진 확장된 친구 집단과 딱 들어맞는다. 당시 많은 성 소수자에게 공동체 내에 가족을 만드는 것은 필수적이었다(말 그대로 살기 위해서는 그래야 했다). 이 선택된 가족 개념의 반향은 70년대 말에 시스터 슬레지의 히트곡 「우리는 가족」(We Are Family)이 게이 바에서 곧바로 인기곡이 되고, 성 소수자 공동체 댄스파티와 게이 프라이드(Gay Pride) 행진에서 마지막 곡으로 자주 연주된 데서 분명하게 드러난다. 동성애자 가족은 에이즈가 급속히 확산되었을 때 훨씬 더 긴박하게 필요해졌다. 많은 생물학적 가족이 병든 아들을 버리고 전통적인 돌봄 공동체가 허물어졌기

동성애자가 아이들을
해방시키고 싶을 때

때문이다.

다시 말해 동성애자들은 수년 동안 가족을 만들고 키워왔고, 이 가족은 핵가족보다 많은 이점을 제공했다. 하지만 이들은 자신의 가족이 더 이상 이류로 보이지 않길 원했고, 이들이 가부장적이고 부르주아적 가치를 지닌 폭군적 조치라고 생각하는 것으로부터 모두가 자유로워지길 바랐다.

동성애자 해방의 요구들은 결국 결실을 맺지 못했고, 1972년 요구서의 작성자들은 자신들이 제시한 방안이 실제로 어떤 모습일지에 대해 초보적인 생각만 가지고 있었다. 마찬가지로 뉴욕의 '동성애자 해방 전선'의 일부 남성 회원은 조직 내에 페미니즘이 불충분하다고 느끼고 성차별에 반대하는 남성 운동을 하는 '혁명적 에페미니스트'(Revolutionary Effeminist)라는 조직을 결성했다. 역사가 마틴 두버먼은 성 소수자의 권리 운동을 분석한 『동성애자 운동은 실패했는가?』(*Did the Gay Movement Fail?*)에서 에페미니스트들은 "여성의 권력 획득을 촉진하기 위해 육아를 포함한 전통적인 집안일을 게이가 맡음으로써 사실상 여성을 위해 자신을 자리매김해야 한다고 주장했다"고 썼다. 그러나 에페미니스트 역시 이론에서 많이 벗어나지 못했고, 이 집단은 곧 사라졌다.

지역 차원에서는 덜 급진적인 방식으로 동성애자 아동들을 기르고 있었다. 앞에서 언급한 사실상의 동성애 아동 입양 사례 외에도 1975년에 보스턴의 일부 동성애자와 이성애자 남성들—'동성애자 해방'과 연결되지 않았지만 아마도 이들의

마이클 브론스키

요구에 자극을 받았을 것으로 보인다―이 '남성 탁아 공동체'를 결성했다. 이 단체는 의식적으로 동성애자와 이성애자의 동맹으로 결성되었지만 동성애자의 수가 압도적으로 많았다. 이들은 보스턴 시내 브롬필드가 22번지에 있는 '브롬필드가 교육 재단'에서 모임을 가졌다. 『게이 커뮤니티 뉴스』와 『패그 래그』('동성애자 해방'의 분파) 출판국 사무실이 있는 곳이었다. 대부분의 회의는 동성애자와 이성애자 남성이 친구가 될 수 있는지, 함께 일할 수 있는지, 그리고―페미니즘의 개념을 실천하는 진보적인 남성 운동으로서―육아를 분담하여 여성을 돕는 것에 대한 의식을 고취시키는 시간이었다.

이들이 실시한 구체적인 프로젝트 하나는 케임브리지에서 열리는 알코올 중독자 갱생 모임에 참석하는 여성들을 위해 아이들을 돌보는 모임을 만든 것이었다. 또 성 소수자 회의와 진보적 정치 회의에서 아이를 돌보는 자원 봉사도 했다. 이 모임의 초점은 다양한 방식으로 소외되거나 위기에 처한 여성들에게 육아 서비스를 제공하는 것이었다. '동성애자 해방'의 일부 요구를 반영한 이들의 페미니즘 분석은 계층, 경제, 인종에 대한 관심을 보여주었다. 많은 정치 집단과 마찬가지로 남성 탁아 공동체는 불과 몇 년 정도 지속되다가 회원들이 보스턴을 떠나거나 다른 프로젝트들에 더 관여하게 되면서 중단되었다.

샌프란시스코, 산타크루즈, 뉴욕 등 전국의 도시들에 이와 비슷한 단체들이 생겨났다. 이 단체들의 목적은 세 가지였다. 페미니스트로서 이들은 여성의 육아 부담 중 일부를 덜어 주는 데

동성애자가 아이들을
해방시키고 싶을 때

전념했다. 또 아이를 돌보고 기르는 역할에서 남성을 제외시키는 제한적인 성 역할에 의식적으로 저항했다. 그리고 아마도 가장 중요한 점은 게이가 아동 성추행자라는 통념에 맞서기로—말과 행동으로—결심했다는 점일 것이다.

하지만 보스턴의 남성 탁아 공동체를 포함한 이 단체들은 의식은 진보적이었지만 게이를 이성애 관계에서 태어난 아이들을 임시로 돌보는 역할로 자리매김하는 경향이 있었다는 점에서 이상하게도 인습적이었다. 1970년대에 아이를 키우는 레즈비언이 있었지만 대부분은 이혼한 여성들이었다. 레즈비언이나 게이끼리 어느 정도 의미 있는 '자신들의' 자식을 둔다는 생각은 적어도 이후 10년 동안은 제대로 등장하지 않았고, 그런 개념이 등장했을 때도 이성애자들의 핵가족에 이의를 제기하기보다 이를 반영하는 형태를 띠었다. 또한 그와 함께 동성애자 인권 운동에서 나른 모든 대의보다 동성애자 결혼을 거의 집착에 가깝게 우선시하는 경향이 나타났다. 핵가족을 뒤엎는다는 '동성애자 해방'의 급진적 목표는 핵가족의 상징적·현실적 필요에 재투자함으로써 새로운 활기를 불어넣는 동성애자 인권 의제들로 바뀌었다.

1977년, 미국에서는 국가적인 보수주의 운동이 일어나 로널드 레이건을 백악관에 입성시켰다. 또한 이 운동은 우익의 복음주의적 개신교 담론을 정치에 주입하는 모럴 매저리티(Moral Majority) 운동의 도래를 알렸다. 그 결과, 아니타 브라이언트는 플로리다주 마이애미-데이드 카운티의 동성애자 교사들을 보호하는 성 소수자 차별 반대 법안을 아동 보호라는 측면에서

마이클 브론스키

공격했다. 전국적인 '세이브 더 칠드런' 운동을 이끈 브라이언트는 현대 미국사에서 동성애자들을 괴롭힌 오랜 성추행, 학대, 세뇌의 어구들에 의지했다.

동성애자 인권 운동은 이런 거짓에 사실이나 청소년 동성애자의 증언으로 맞서기보다 아이들 및 10대와의 관계에서 물러났다. 그러자 합법적으로 아동을 입양하는 게이 및 레즈비언에 대한 논의가 냉각되었다. 교실에 성 소수자 관련 자료를 도입하는 논의도 보류되었다. 이후 몇십 년 동안 정치 토론은 집단 육아, 확장된 동성애자 가족에서 동성 결혼을 통한 개인화된 동성 핵가족으로 옮겨 갔다. 더 광범위한 정치적 맥락에서의 아동 해방에 대한 논의 역시 사라졌고, 아이들을 성관계, '위험한' 음악과 비디오 문화, 잠복해 있는 범죄자들로부터 보호하기 위한 논의가 그 자리를 차지했다.

최근 몇십 년간 동성 결혼 투쟁은 동성애자 인권의 성공에 결정적인 역할을 했다. 하지만 그 이전의 통찰력 있는 정치적 활력과 급진적 변화의 잠재력을 기억하는 사람들에게는 분명 생각이 엇갈리는 승리다. 전통적인 이성애자 가족을 이와 유사해 보이는 동성 가족으로 대체한다고 해서 심각한 피해를 주는 제도의 구조적 문제들 중 무엇도 꼭 제거되지는 않을 것이다. 아동과 관련된 동성애자 해방의 전략과 이론적 접근 방식은 복잡하고 정치적으로 복합적이다. 이 접근 방식은 현실적인 것에서 실현 불가능한 것까지 걸쳐 있다. 또 성실한 아동 보호뿐 아니라 교착 상태의 억압적 가족 구조에서 근본적으로 탈피하려는 욕구가

동성애자가 아이들을
해방시키고 싶을 때

이 전략들을 주도한다. 핵심은 이 모든 다양한 운동ー동성애자 아동의 존재 확인부터 아동 돌보기, 부모가 아이를 '소유'할 수 있도록 하는 법적 틀 깨기에 이르기까지ー은 세계를 개편하려는 '동성애자 해방'의 시도였을 뿐 아니라 사회와 특히 동성애자의 생물학적 가족이 입힌 수십 년간의 상처를 치유하는 것이었다는 점이다.

이런 치유는 반세기에 걸쳐 여러 방식으로 천천히 나타나고 있다. 놀라울 정도로 많은 청소년이 점점 더 이른 나이에 커밍아웃을 하고 있다. 또한 퀴어 청소년의 섹슈얼리티ー그리고 성 역할ー에 대한 논의가 점차 정교해지고 활발해지고 있다. 1972년 '동성애자 해방'이 생각했던 것처럼 아이들은 무사하다. 그리고 그들은 스스로를 돌보고 있다.

마이클 브론스키

찾아보기

161

지은이

다이앤 토버는 샌프란시스코 캘리포니아 대학교의 건강 및 고령화 연구소 조교수이며, 『정자와 연애하다: 변화하는 생물정치학과 현대 가족의 형성』(*Romancing the Sperm: Shifting Biopolitics and the Making of Modern Families*)을 썼다.

마시 다노브스키는 '유전학 및 사회 센터'의 상임이사이며『생명윤리학을 넘어: 생물정치학을 향해』(*Beyond Bioethics: Toward a New Biopolitics*)의 공동 편집자다.

마이클 브론스키는 하버드 대학교의 여성, 젠더, 섹슈얼리티 연구과정에서 매체와 행동주의 실천을 가르치며, 『미국의 퀴어 역사』(*A Queer History of the United State*)를 썼다.

머브 엠리는 옥스퍼드 대학교의 영어과 조교수다. 『문학을 즐기지 못하는: 전후 미국에서 나쁜 독자 만들기』(*Paraliterary: The Making of Bad Readers in Postwar America*)와 성격 검사의 역사를 다룬『성격 브로커』(*The Personality Brokers*)를 썼다.

미리암 졸은 보건 및 인권 지지자이며『폭로: 자유, 생식력 그리고 최첨단 아기의 추구』(*Cracked Open: Liberty, Fertility and the Pursuit of High-Tech Babies*)의 저자다. 여성 재단의 '딸들을 일터로 데려가기'(*Take Our Daughters To Work Day*) 캠페인의 공동 기획자이고, 유엔, 가족계획연맹, 컬럼비아 대학교에서 일했다.

새라 샤르마는 토론토 대학교의 매클루언 문화 및 기술 센터의 이사이며, 컴퓨터와 정보기술에 대한 국제회의(ICCIT)와 정보학 대학원의 미디어 이론 조교수다. 『이럭저럭 하는 동안에: 임시성과 문화 정치학』(*In the Meantime: Temporality and Cultural Politics*)을 썼다.

소피 루이스는 필라델피아에 사는 작가이자 페미니스트 지리학자다. 『현재의 완전한 대리모 행위』(*Full Surrogacy Now*)를 썼다.

실비아 페데리치는 『마녀, 마녀사냥 그리고 여성』(*Witches, Witch-Hunting, and Women*)을 썼고, 호프스트라 대학교 뉴 칼리지의 명예교수다.

애니 멘젤은 위스콘신 대학교 매디슨 캠퍼스의 젠더 및 여성학과 조교수다. 저서 『흑인 영아 사망에 대한 정치 생활』(*The Political Life of Black Infant Mortality*)의 출간을 앞두고 있다.

앤드리아 롱 추는 뉴욕 대학교에서 비교문학 박사 과정을 밟고 있으며, 『n+1』,
『아트포럼』(Artforum), 『북포럼』(Bookforum), 『뉴인콰이어리』(New Inquiry)에 글을
게재했다.

이리나 아리스타흐호바는 미시건 대학교에서 강의를 하며, 『모체의 환대: 철학, 생체의학
그리고 문화』(Hospitality of the Matrix: Philosophy, Biomedicine, and Culture)를
썼다.

제임스 채펠은 듀크 대학교 역사학과의 헌트 패밀리 조교수이자 고령화 및 개발
연구센터의 선임연구원이다.

질 리처즈는 예일 대학교의 영어과 조교수다.

캐시 오닐은 『뉴욕타임스』 베스트셀러 목록에 오른 『대량살상 수학무기: 어떻게
빅데이터는 불평등을 확산하고 민주주의를 위협하는가』(Weapons of math
destruction: How big data increases inequality and threatens democracy)의
저자다.

크리스 캐포지는 메모리얼 대학교의 생명윤리학과 조교수이며 『다운증후군 선택하기:
윤리학과 새로운 산전 검사 기술』(Choosing Down Syndrome: Ethics and New
Prenatal Testing Technologies)의 저자다.

옮긴이

박우정은 경북대학교 영어영문학과를 졸업하고 현재는 U&J에서 전문 번역가로 활동하고 있다. 옮긴 책으로 『불평등이 노년의 삶을 어떻게 형성하는가』, 『왜 신경증에 걸릴까』, 『사람은 무엇으로 사는가』, 『인문학은 자유다』, 『좋은 유럽인 니체』, 『노예 12년』, 『톨스토이 단편선』 『남성 과잉 사회』, 『월든』, 『자살의 사회학』, 『태양을 기다리는 아이들』 등 다수가 있다.

재생산에 관하여
낳는 문제와 페미니즘

머브 엠리 외 지음
박우정 옮김

초판 1쇄 인쇄 2019년 3월 15일
초판 1쇄 발행 2019년 3월 22일

발행처   도서출판 마티
출판등록   2005년 4월 13일
등록번호   제2005-22호
발행인   정희경
편집장   박정현
편집   서성진, 조은
마케팅   최정이
디자인   오새날

주소   서울시 마포구 잔다리로 127-1,
             레이즈빌딩 8층 (03997)
전화   02. 333. 3110
팩스   02. 333. 3169
이메일   matibook@naver.com
블로그   blog.naver.com/matibook
트위터   twitter.com/matibook
페이스북   facebook.com/matibooks

ISBN 979-11-86000-82-3 (03330)
값 14,000원